コミュニティビジネスで拓く地域と福祉

諫山正 監修
平川毅彦・海老田大五朗 編

ナカニシヤ出版

刊行に寄せて

　本書は，新潟青陵大学福祉心理学部教員を中心とした共同研究の成果を一冊にまとめたものであります。本書はソーシャル・ビジネス革命に始まり，ソーシャル・イノベーション，さらにコミュニティ・ビジネスにいたるまで多様な概念規定の検討をふまえて，読者に広角的な視座を提供しています。くわえて関係概念をコミュニティ・ビジネスに焦点を絞り，その俎上において，福祉のあらたな実践的課題に挑戦している点に本書の特徴があると思われます。第2部の実務と資金に関する論述は福祉施設の経営に触れたものとしてユニークであり，第3部のケーススタディにおいては専門家の目から観た多種多様な福祉現場の市場化の可能性と限界が紹介されています。突き詰めれば福祉と市場との関係なのであります。いうまでもなくコミュニティ・ビジネスに関しては多様な研究や解説が出版されていますが，概念整理と事例研究をセットにしている類書は数少ないといえましょう。学内で研究会を組織して1年足らず，計画の段階ではプロモーターの一人として少し拙速すぎるのではと懸念いたしましたが，全執筆者と編集者の一体となった努力によって，ともあれこれまでにまとめ上げたことに対して大いに敬意を表するものです。ソーシャルビジネスの創始者とも言うべきユヌスが著書『ソーシャル・ビジネス革命』の中で「世界を一変させる巨大計画を練るのではなく，一度に二〜三人に手を差し伸べるような〈小さな計画〉から始めるように伝える。その計画の改良，構築，資金調達に数ヶ月や数年費やすのではなく，今すぐ実行し，実践しながら学びなさいと伝える」と述べている言葉通りに実践されたわけです。最後に研究助成していただいた学校法人青陵学園とこのような研究書を刊行していただいたナカニシヤ出版には深謝いたします。

　　　　　　　　　　　　　　　　　　　　　　　　　　　　諫　山　　　正

目　　次

刊行に寄せて　*i*

序章　本書の概要 …………………………………………………………3

1. 本書の目的　3
2. 「ソーシャル」と「ビジネス」の関係について　4
3. 本書の想定読者　7
4. 本書の構成　8

第 1 部　概念整理

第 1 章　ソーシャルビジネス／コミュニティビジネス ……………14
——2 つの概念はどのように区分されてきたか——

1. はじめに　14
2. 概念の混同　15
3. ソーシャルビジネスとコミュニティビジネスをどのように区分するか　19
4. まとめ　24

第 2 章　欧米の社会的企業論の系譜と日本の導入状況 ……………27

1. はじめに　27
2. アメリカにおける社会的企業論の研究アプローチ　28
3. 欧州における社会的企業研究のアプローチ　31
4. 社会的企業の社会性　33
5. 日本における社会的企業論の座標　36
6. おわりに　38

第2部　実務と資金

第3章　ソーシャルビジネス／コミュニティビジネスに関する基礎知識 …… 44

1　はじめに　44

2　社会的問題とビジネス　45

3　ソーシャルビジネス／コミュニティビジネスの主体　46

4　運営に関わる注意点　49

5　おわりに　53

第4章　地域福祉のファンドレイジング …… 57

1　はじめに　57

2　地域福祉活動の財源　59

3　コミュニティファンドとしての共同募金のファンドレイジング　60

4　諸外国の共同募金　64

5　結　論　70

第3部　ケーススタディ

第5章　被災地が育むソーシャルアントレプレナーシップ …… 74

1　はじめに　74

2　ソーシャル・ミッション　75

3　ソーシャルビジネス　78

4　ソーシャルアントレプレナーのクラウドを作る　81

5　おわりに　85

第6章　再誕を支えるコミュニティ …… 89
　　　　——刑事司法の可能性——

1　はじめに　89

2　刑事司法にコミュニティビジネスはなじむか　90

3　地域による刑務所誘致　　92
　　4　「ビジネス」としての刑事司法　　96
　　　　——美祢市の刑務所誘致がもたらした効果——
　　5　おわりに　　98
　　　　——NIMBYを超えて——

第7章　就学前施設における保育リーダーとマネジメント …………103
　　1　はじめに　　103
　　2　保育の多様化と子ども子育て支援新制度　　104
　　3　保育所における社会問題　　105
　　4　「魅力ある保育」の展開　　107
　　5　おわりに　　115

第8章　コミュニティに根ざした喫茶店「ホリデー」の
　　　　就労移行支援と経営 ……………………………………………117
　　　　——精神障害者の就労と定着を可能にするデザイン——
　　1　はじめに　　117
　　2　ホリデーについて　　118
　　3　デザインの記述　　122
　　4　結　論　　128

第9章　韓国の社会的企業の発展がもたらした効果 ……………………131
　　　　——地域福祉力向上につながる可能性——
　　1　はじめに　　131
　　2　韓国における社会的企業の発展過程　　132
　　3　韓国の社会的企業の概要　　133
　　4　社会的企業の実態　　136
　　5　社会的企業がもたらした効果　　139
　　6　社会的企業の今後の課題　　141
　　7　まとめ　　144

第4部　展望と課題

第10章　地域福祉におけるコミュニティビジネスの位置と役割……148
　　　　──協働を導くステークホルダーと協働の場としての
　　　　　プラットフォームの視点から──

1　はじめに　148

2　地域福祉におけるソーシャルビジネスとコミュニティビジネスの位置　149

3　地域福祉の視点から見たコミュニティビジネス　152

4　まとめ　155

第11章　コミュニティビジネス概念の再検討 ……………………161

1　はじめに　161
　　──細内信孝による「コミュニティビジネス」概念の構築と課題──

2　マッキーバーによる「コミュニティ」定義の理論的背景　163
　　──社会化と個性化（個別化）──

3　マッキーバーとペイジによるコミュニティ定義　165
　　──地域性と地域社会感情──

4　「望ましい地域社会類型」としてのコミュニティ　166

5　「社会関係の主体的側面」に基づく「福祉コミュニティ」　168

6　コミュニティビジネスが目指す「コミュニティ」　170

7　まとめと課題　171
　　──地域的近接性とコミュニティビジネス──

*

文献一覧　174

おわりに　189

索　引　192

コミュニティビジネスで拓く地域と福祉

序章

本書の概要

海老田大五朗

1　本書の目的

　被災地の子どもが避難先で小学校の教員からいじめられたり，ベビーカーを押して電車に乗る子育て中の母親が非難されたりと，思わず聞き返したくなるようなニュースを耳にする。本来であれば社会から護られてしかるべき人びとが，社会から排除されてしかるべき人びととして扱われている。しかしながら「イスラム教徒の入国を禁止すべきだ」と提案した候補者が某国の大統領に当選する時代である。自分たちとは異質の人間を自分たちのコミュニティから排除する情勢は，むしろ世界の主流なのかもしれない。

　いわゆる「増田レポート」（増田他 2014 など）では，「消滅」する農山村が名指しされた。名指された農山村の受けた衝撃はいかほどのものだろう。日本の地方事情について考えるとき，一方には経済産業省主導の地域活性化戦略があり，もう一方には内閣官房主導の地方再生戦略がある。また，「地域間競争の時代」（根本 2013），「増田レポート」「地方消滅」（増田他 2014 など）などに代表されるように，現代の地方行政政策を追随する論調もあれば，地域間競争，「選択と集中」は許容できない（山下 2014），「農山村は消滅しない」（小田切 2014）と地方行政政策に対抗する論調もある。しかしながら，どの論調を参照するにせよ，地方地域の将来の議論は悲観的な視点から出発している。

　本書の執筆メンバーは，少数のコミュニティビジネス／ソーシャルビジネス

の専門家と，多数の地域福祉，災害ソーシャルワーク，子育て支援，司法福祉，障害者雇用などの研究者によって構成されているが，その中のほとんどは明日の社会福祉を担う若者を世に送り出す教育者でもあり，税理士，社会福祉士，精神保健福祉士，保育士，作業療法士といった資格を所持し，実際にその資格に期待される職務経験を持つ者もいる。他方で，介護職者や保育職者の低賃金の問題やそれに付随する人材不足の問題などに代表されるように，社会的弱者を支える人びとの低待遇（本当はこのような見方は偏りのある見方なのだが）が表面化するなど，社会福祉側の限界も見え始めてきている。このような社会福祉業界は，若者たちの目には魅力的に映っているのだろうか。

　こうした福祉現場に近いところで研究教育に携わる筆者らが日常的に考えていることを一言で表現すると，「これからの地域や福祉はいかにして持続可能なのか」ということになる。そこで近年注目を集めているコミュニティビジネスやソーシャルビジネスからその経営・運営手法を学び，「地域や福祉の持続可能な在り方」を考察するというのが本書の趣旨である。しかしながらここで読者は，「そうはいっても社会福祉的なものとビジネス的なものは両立可能なのか？」と疑問を持たれるかもしれない。なぜなら，地方と呼ばれる地域が衰退するのも，社会的課題の解決に人もお金も集まらないのも，いわゆる「市場の失敗」[1]によるものとの見方が半ば常識だからである。そこで本論に入る前に，ソーシャル概念とビジネス概念の関係について簡単に触れておきたい。

2　「ソーシャル」と「ビジネス」の関係について

　社会的なもの，あるいは社会的課題の解決とビジネス的なものは両立するだろうか。「ソーシャルビジネス」とは，2つの概念「ソーシャル」と「ビジネス」からなる言葉である。この2つの概念は，しばしば対立的に使用されてきた。現代ソーシャルワークの起源を19世紀のイギリスの貧困問題の解決あたりに求めるならば，そこにある問題意識とは「産業革命などによって生じた貧富の差の解消」と言ってよい。そこで，「商業的な革命がもとで生じた貧困問題について，社会（福祉）が要請された」という図式を描くことができる。北田はジェーン・アダムズ（Jane Adams）とメアリー・リッチモンド（Mary Richmond）の関係を分析し，「19世紀後半合衆国において，貧困者救済に関わる実践を，従来的な財の「施与（giving）」にとどまる「慈善」（charity）から差別化するために，合理的な再配分を模索する実践にソーシャルという定式化を

与えた」(北田 2016：91．傍点は引用者による) 点において，2人は共同戦線を張ったと述べている。貧困問題において「ソーシャル」[2]が合理的な再配分を模索する実践であるとき，その再配分の宛先は利益を追求するビジネスから排除された人びとである。つまり，「ソーシャル」と「ビジネス」を対立的に捉えるのは，このような歴史を知っていれば当然の帰結である。

2-1 CSRをめぐるポーター／クラマーとフリードマンの対立

「ソーシャル」と「ビジネス」の対立は，経営学におけるCSR（Corporate Social Responsibility）[3]やCSV（Creating Shared Value）についての議論の中でもみることができる（Porter & Kramer 2011, 塚本・関 2012など）。谷本によれば，CSRとは「企業活動のプロセスに社会的公正性や環境への配慮などを組み込み，ステイクホルダー[4]（株主，債権者，経営者，従業員，消費者（顧客），仕入先，取引先，行政機関，地域コミュニティなど）に対しアカンタビリティを果たしていくこと。その結果，経済的・社会的・環境的パフォーマンスの向上を目指すこと」（谷本 2004：5）である。塚本と関（2012）は，「社会課題解決と経済的成功との同時追求を志向する様々な取り組みが，従来のCSRをCSVへと進化させていく契機に，そして，ビジネスのありかたそのものにイノベーションをもたらす契機になることは果たして可能なのだろうか？」という問いを立てていることから，「ソーシャル」と「ビジネス」の対立は，経営学的にもひとつの関心事に成り得ていることがわかる。

ポーターとクラマー（Porter & Kramer 2002）は，フリードマン（Friedman）の議論の2つの前提：①「社会的目的と経済的目的とは別個のもので，企業の社会貢献支出は，その経済的成果を犠牲にしてなされる」，②「企業が社会的目的に取り組むと，個々人がそれぞれに寄付をしようと思っても，それを妨げてしまう。寄付は個人の意思で自由にするべきである」を，それぞれ批判的に検討している（図序-1）。

ポーターとクラマー（Porter & Kramer 2002）によれば，こうした仮定は企業の貢献に目標や計画性がなく，特に②については，CSRが小規模にとどまる場合には当てはまるが，社会貢献がより戦略的な方法で考案され，実施されるならば，話は別である。①については，企業観の相違も問題になる。塚本と関（2012）によれば，現代の人びとの企業観は少なくとも下記のように4種類くらいに分類可能[5]であり，かつ，この4種類は境界線を引くことが難しいグラデーションとして存在するので，フリードマンの株式会社についての契約主

図序-1　ポーターとクラマー VS フリードマンの対立簡易図式

```
ポーターとクラマー：「これからの株式会社は啓発された自己利益（＝直接的には株主に
　　　　　　　　　還元されない利益）を重要視しなければならない」
　　　　　　　　　　　　　　　　　VS.
フリードマン：「株式会社にCSRなどない。あるのは株主の利益の最大化のみ」
```

図序-2　企業観のグラデーション

（出所）　塚本・関（2012）をもとに筆者が作成。

義的企業観は，現代の企業観として極端であり，一面的すぎるということになる（図序-2）。

　塚本と関（2012）によれば，企業は，社会から切り離されて行動することは不可能であり，事実，企業が競争する能力は，企業が立地し事業を展開する地域（location）の状況などに強く依存している。塚本と関（2012）によれば，企業と社会はお互いに強く依存するものであって，企業の成功と社会の福祉をゼロ・サムゲームとして捉えないという視点が要請される。別な言い方をするならば，成功する企業には健全な社会が必要で，健全な社会には成功する企業が欠かせない（Porter & Kramer 2011）。本業が成功してからCSRを充実させるというよりも，「本業の中にいかに社会貢献を組み込んでいくかが問われて」（米倉・竹井 2010：166）いる。このような関係を本書の関心にひきつけて言い換えるならば，「ソーシャルとビジネスは排他的な関係ではなく，むしろ相互依存的な関係である」となるだろう。「ソーシャル」と「ビジネス」は対立的に用いられてきた歴史があるが，両立不可能（＝トレードオフ）な関係であることを意味しない。

2-2　ソーシャルとビジネスを両立させる鍵としてのデザイン

　「ソーシャルVSビジネス」のような「二項対立思考」ではなく，両立させるような思考法のひとつとして「デザイン思考」[6]がある。ローソーン（Rawsthorn 2013＝2013：16-49）によれば，「デザイン」とは，商業的使用が定着する以前に

は,「技術上のディテール」であり,「機知や良識（common sense）」であり,「創意工夫」を意味していた。言いかえるならば,デザインとは「最適化実践」のことである。「コミュニティデザイン」(細内 2010；筧他 2011；山崎 2011) とは,その多くの場合,コミュニティの中で生じている問題が解決するようにコミュニティや解決に用いられるツールが最適化されることを指す。「ソーシャルデザイン」(Smith 2007 = 2009；2011 = 2015,ソーシャルデザイン会議実行委員会 2013,筧 2013) といえば,直面する社会的問題が解決されるように,社会や解決に用いられるツールを最適化することを示す。「インクルーシブデザイン」(カセム他 2014) といえば,物事を包括的な (inclusive) あり方に最適化することである。

具体的な例を用いて説明しよう。小暮 (2012) は,日本人の飽食と発展途上国の飢餓を同時に解決する,「Table For Two」という NPO 法人[7] の試みを紹介している。この NPO 法人の試みとは,協力企業の社員食堂のヘルシーなメニューに 20 円を課金し,その 20 円は食糧難で苦しむ国の学校給食へ自動的に送金されるという試みである。より正確には課金された 20 円のうち,16 円が送金されて,4 円が NPO 法人に送金される。小暮によれば,「「よい製品は黙ってても売れる」ということがありえないように,「素晴らしい社会貢献の取り組みには,黙っていても寄付が集まる」ということもありえない」(小暮 2012：62)。ここでいう最適化実践とは,社会問題（飽食と飢餓）を解決し,なおかつ NPO 法人にもこのシステムを運営管理維持する対価が支払われるように,各方面（飽食に悩む人,飢餓に苦しむ人,双方に利益を作るシステムを運営管理維持する人）に,資金の流れが最適化されていることである。

3　本書の想定読者

執筆陣一同,より多くの読者が本書を手にとってほしいと思っているが,主な想定読者はだいたい以下の三層に分かれている。

第一の読者層は,すでに社会福祉事業や地域での事業に従事し,ある程度の経験を積んできた人びとと,あるいは経営者として社会福祉系医療系の法人や地域での事業に携わってきた人びとである。これから自分で事業を起こしたい人,これから管理職に就く人,すでに管理職の地位に就いていてこれから事業を拡大していこうと考えている人などが想定されている。ただし,本書は会社経営の HOW TO 本ではない。コミュニティビジネスやソーシャルビジネスについ

ての経営 HOW TO 本は，すでに多く出版（たとえば駒崎 2016a など）されているので，経営のノウハウについて学びたい方は，そちらとあわせて本書を手にとっていただければ幸いである。経営の HOW TO 本との違いがより鮮明になり，相補的な学びになると思われる。

第二の読者層は，これからの社会福祉や地域のあり方について学びたい大学生や専門学校生などの初学者や大学院生，特に既存の社会福祉分野や経営分野の教科書には満足できなかった学生たちである。誤解のないように述べるが，これまでの先人たちが築き上げてきた社会福祉や経営を学ぶことは，学生にとってとても大切なことである。すべての学問に言えることだが，初学者が学ぶべきはその分野の古典とよばれている本や教科書である。しかしながら教科書などはその性質上，挑戦的な試みを取り上げにくいもので，意欲ある若い学生たちにとっては刺激の弱いものかもしれない。本書では，社会福祉や地域のあり方についての検討が中心に据えられつつも，少し異色な事例が多く取り上げられている。とりわけ初学者には，第 3 部のケーススタディ（5-9 章）から読むことを強く推奨する。

第三の読者層は，社会福祉学や経営学が専門の研究者である。本書は，専門領域の研究者によって，各専門分野について検討された論考でのみ構成されているわけではない。どちらかといえば，執筆陣が各専門分野の隣接領域を学び，フォーラムや検討会などでの議論を通して学びあったことをそれぞれまとめた論考が，多く収録されている。筆者らが学んできた道筋を，そのまま追跡できるようなものとしてひとつの章が構成されている。こうした隣接領域の研究者が辿った道筋を各々の専門的立場から読み取ることは，社会福祉学や経営学の研究者にとっても得るものが多いはずだ。

4　本書の構成

本書は，第 1 部：概念整理，第 2 部：実務と資金，第 3 部：ケーススタディ，第 4 部：展望と課題の 4 部から構成されている。

第 1 部の「概念整理」は，1 章と 2 章から構成されている。1 章の海老田論考では，ソーシャルビジネスとコミュニティビジネスという 2 つの概念が，日本においてどのように区分されてきたかを検討している。この区分法を考察することで，それぞれの概念を彫琢し，明晰にしていくことが第一の目的である。さらには，本書を通したそれぞれの用語法について，アメリカ型／欧州型の区

分や「弱い境界区分法」を導入することで，本書全体の議論を建設的な方向へ導くように，この2つの概念が整理されている．2章の川本論考では，「商業化」を志向するアメリカと欧州におけるサードセクターの議論を中心とする社会的企業論において，その歴史的経緯と概念的枠組みについて整理を行う．そして，これらの2つの系譜が見られる中で，日本の社会的企業論がどのような位置付けにあるのか，その座標を明らかにしていくことを目的としている．

第2部の「実務と資金」は，3章と4章から構成されている．3章の髙橋論考では，ソーシャルビジネス並びにコミュニティビジネスの根幹たる社会的問題について述べたうえで，ソーシャルビジネスやコミュニティビジネスを行う主体とそれに関わる税制，そして，運営にあたっての資金調達や外部報告の重要性について考察し，ソーシャルビジネスやコミュニティビジネスにおいて求められる経営学的視点，会計学的視点について述べている．4章の増子論考では，公的サービスだけでは解決できない日常生活上での課題を抱えている人も多い中，それらの課題解決のために多様な住民組織やNPOなどが地域福祉活動やコミュニティビジネスなどに取り組んでいるが，多くの組織は規模自体が小さく活動資金を調達することが難しい状況にあることから，諸外国の事例を参考にして地域福祉活動におけるファンドレイジングのサイクルモデルの体系化を試みている．

第3部の「ケーススタディ」は，5から9章によって構成されている．5章の三浦論考では，「被災地が抱える問題に専門家やボランティア・地域住民とともに向き合い，若者の柔軟な発想で解決を目指す．そのプロセスを地方が抱える社会課題の解決にも役立てていく」ことをミッションとしたNPOの活動をソーシャルワークの視点から検討した．「若者の成長」，「地域住民の参加」を引き出していることからエンパワメント実践の典型であり，社会開発を意図したソーシャルワークの実践モデルとなり得ることを示唆した．6章の里見論考では，刑事司法分野におけるコミュニティビジネスの参入について論じている．かつて国家の専権に属してきた行刑，特に刑事施設運営の領域において，2007年に日本初の官民協働運営刑務所が開庁するなど，新しい動きがみられる．今後刑事司法においてもコミュニティビジネスの考え方はなじむだろうか．日本初の誘致刑務所でもある美祢社会復帰促進センターの例を中心に，諸外国の先例もふまえながら，刑事司法とコミュニティの関わりかたについて考察した．7章の齊藤らの論考では，日本の子ども子育て施策の現状と問題点について整理を行った．そして，乳幼児期の保育・教育の促進に寄与し，コミュニティ

において社会的な価値を見出している就学前施設の取り組みが紹介されている。これからの就学前施設では，保育と経営のリーダーとマネジメント能力を身につけた人材が必要であることを示唆している。8章の海老田・野﨑論考では，就労支援事業所喫茶店「ホリデー」の就労支援においては，喫茶店という形態そのものにビジネス的要素が含まれていることを示している。地域のストレングスを活かした就労支援実践や内外装の装飾，ホリデーに置かれている家具や小物の造形，レシピ作成上の工夫などを明らかにすることで，就労支援におけるデザインの位置づけについて検討している。第9章の李論考では，アジアでは初めてとなる韓国の「社会的企業育成法」を中心に，韓国の社会的企業の発展における現状と課題および効果について論じられている。この法律が施行され，今年で10年目を迎える中で，主に「雇用創出」「社会サービス拡大」に焦点を当てて，これらの効果などが今後地域福祉力の向上のため必要であることを示唆した。

　第4部の「展望と課題」は10章と11章から構成されている。10章の佐藤論考では，コミュニティビジネスを地域福祉の視点から捉え直すことを目的とし，地域福祉におけるコミュニティビジネスの位置づけと役割を，「協働を導くステークホルダー」および「協働の場としてのプラットフォーム」という2つの視点から検討した。コミュニティビジネスは，地域生活上の諸問題の解決，住民生活の質的向上を目指す事業であり，ソーシャルインクルージョンにもつながる。それは，地域福祉が歴史的に形成してきた住民主体の理念・原則そのものであり，まさに地域密着のビジネスであることを示唆した。11章の平川論考では，細内信孝によって提示されたコミュニティビジネス概念について，①社会化と個性化（個別化）を背景としたマッキーバー（MacIver）による「コミュニティ」，②日本社会における「望ましい地域社会類型としてのコミュニティ」，さらに③個人の生活の全体を捉えて支援を行う「福祉コミュニティ」という視点から検討し，日常生活で「生きづらさ」を抱えている個人を中心として，最終的に「望ましい地域社会」を形成するための手段として，コミュニティビジネスは位置づけられなければならないことを明らかにした。

1) 「市場の失敗」については，本書の髙橋論考（第3章）を参照のこと。
2) 　本書の中で，「社会」という日本語表現の多様性を追いきることはできない。市野川（2012）によればドイツ基本法に即して社会的な（sozial）国家（≒「福祉国家」）の課題を①社会的な不利益ゆえに支援を必要としている人びとに対

して,「人間としての尊厳を有する生活のための最低限の条件」を保障すること,②各種社会保障の創設,③実質的な機会均等の保障,④所得の再分配等による社会的格差の是正と挙げている。他方で,木村（2014）は日本におけるsocietyを「社会」として受容してきた歴史的検討をしている。社会（social）の「信頼・規範・ネットワーク」を強調するロバート・パットナム（Robert Putnam）流（2000＝2006,嵯峨 2011,大和田 2011）の議論まであり,本書の中で追究するには難しい課題である。
3) 由良（2014）によれば,日本においては2002年ころから,「1990年代の環境課題への対応,2000年前後の多くの不祥事を契機とするコンプライアンスの対応などを経て,包括的なCSRに日本企業の目が向き始め」（由良 2014：161）た。それ以降CSRにおいては,「法令を遵守するなどフェアな競争条件を守っているかどうかということを最低ラインとした上で,環境対策,雇用における公平性や人権問題,投資家や顧客に対する情報開示など,提供される商品の価格や品質のみならず,それがいかにつくられたのか,どのような企業経営の中でつくられたのか,ということ」（谷本 2004：3）が問われている。
4) 企業運営から影響を受ける,あるいは企業運営に影響を与えうる集団や組織のことで「利害関係者」とも訳される。なお,本書では「ステークホルダー」で統一しているが,引用については原典表記そのままにしてある。
5) 「企業は何を優先するか」によってなされる分類。制度的企業観は社会保障制度などを優先するということで,日本でいえば社会福祉法人などがこの企業観の典型である。ステークホルダー的企業観とはステークホルダーの利益を優先する企業観で,人本主義的企業観とは従業員と経営者の利益を優先する企業観である。
6) 就労移行支援におけるデザイン思考的実践については本書の海老田・野﨑論考（第8章）を参照のこと。
7) 非営利組織にはつねにつきまとう,「非営利＝利益をあげない」という誤解がある。実際のNPO法人の意味とは,「非営利＝利益配分を株主に行わない」法人ということで,「非営利＝利益を上げない」法人ではない。谷本（2006：8）によれば,NPOは3つに大別できる。(1)「事業型NPO」≒「稼ぐNPO」（後・藤岡 2016）,(2)「監視・批判型」＝「アドボカシー型」,(3)「慈善型」＝「ボランティア団体型NPO」（たとえば慎 2013など）である。そして事業型NPOの事業がソーシャルビジネスやコミュニティビジネスである蓋然性は高い。

第1部
概念整理

第1章

ソーシャルビジネス／コミュニティビジネス
―― 2つの概念はどのように区分されてきたか ――

海老田大五朗

1 はじめに

　アルフレッド・ノーベルの命日である12月10日には，例年ノーベル賞の授賞式が執り行われる。歴代ノーベル平和賞受賞者の中で，ひときわ異彩を放つのが，2006年に受賞したバングラデシュのグラミン銀行創設者であるムハマド・ユヌス（Muhammad Yunus）である。「なぜ銀行マンが？」「しかも経済学賞ではなく平和賞？」と，肩書きだけを読んで不思議に思う人もいるかもしれない。このユヌスこそが，本章のメインテーマのひとつである「ソーシャルビジネス」（＝SB [1)] [2)]）の威力と魅力を世界中に知らしめた [3)] 立役者である。ユヌス（Yunus 2010＝2010）によれば，SBを志向する会社とは，社会問題の解決に専念する「損失なし，配当なし」 [4)] の会社であり，所有者への利益配分を認めず，利益はビジネスへ再投資される。実際，SBを語る権威について国際的に俯瞰したとき，その発信力においてユヌス（Yunus 2007＝2008；2010＝2010；Grove & Berg eds. 2014など）の独壇場であることは否めない。さて，そのSBの定義問題については，興味深くも不思議な下記2つの引用から考え始めたい。

　　社会・経済的課題の解決をミッションとし，ビジネスとして取り組む事業体（事業型NPOや企業）を社会的企業（Social Enterprise）といい，その事業活動をソーシャルビジネス（Social Business）という。ソーシャル

> ビジネスのなかでも，地域の課題に対して地域住民が主体となって地域レベル（市区町村レベル）で展開している社会的な事業活動をコミュニティビジネスという。（神原・大林 2011：1）

> まず，ソーシャルビジネスの定義問題がある。何をもってソーシャルビジネスとするかに関しては，おおざっぱな定義はあるものの研究者の間にコンセンサスがあるとは言いがたい。（大林 2011：19）

ひとつ目の引用は，SB についての明快な定義である。なるほど SB とは社会をよくするためのビジネスで，コミュニティビジネス（＝CB）とは地域レベルで展開されるビジネスなのだということはすぐにわかる。しかしながら一般的に言われることでもあるが，2つ目の引用のように，SB の定義に「研究者の間にコンセンサスがあるとは言いがたい」と続くのである。定義は明快だがモヤモヤが残るといった感じだろうか。上記2つの引用は同じ著書に収められている。わざわざ宣言するくらいなのだから，この2つの引用文が収められている論文集の著者間でもコンセンサスがあるとは言いがたいのだろう。誤解がないように言っておくが，筆者には論文集の共著者間にコンセンサスがないことに対して皮肉を言う意図はない。筆者が興味深いと思っているのは，一方で明快な定義を与えつつ，他方で「研究者の間にコンセンサスがあるとは言いがたい」と主張しなければならない事情のほうである。これはいったいどういうことなのか。

　本章の目的は，SB 概念と CB 概念について，とりわけその区分法について考察することで，それぞれの概念を彫琢し，明晰にしていくことにある。さらには，本書を通したそれぞれの用語法について，アメリカ型／欧州型の区分や「弱い境界区分法」を導入することで，本書全体の議論を建設的な方向へ導くような概念整理を行うことである。次節では SB と CB の区分について，経済産業省ワーキンググループの議論を検討し，3 では，SB と CB の区分について，ひとつの見通しを示す。

2　概念の混同

　本節では SB と，類似概念や近接概念との混同について分析する。これまで日本でなされてきた SB の議論というのは，経済産業省が組織したワーキング

グループ（=WG）による定義（2007）から始まる研究[5]が多い。しかしながら、筆者はこの経産省WGの定義の仕方、より正確にいえば、定義を含めたSBとCBの区別の仕方そのものに問題があると考えている。

2-1　日本型ソーシャルビジネス？

　経済産業省WGによるSBの定義（2007）から見ていこう。SBとは、「環境や貧困問題などさまざまな社会的課題[6]に向き合い、ビジネスを通じて解決していこうとする活動」（経済産業省 2007）であり、①社会性：現在解決が求められる社会的課題に取り組むことを事業活動のミッションとすること、②事業性：①のミッションをビジネスの形に表し、継続的に事業活動を進めていくこと、③革新性：新しい社会的商品・サービスや、それを提供するための仕組みを開発したり、活用したりすること、また、その活動が社会に広がることを通して、新しい社会的価値を創出すること、という3要素（経済産業省 2008）を満たす。

> 【第5回WG会議議事録・井上委員の発言】
> SBとCBの大きな違いは、イノベーションがあるかどうかである。CBの場合、コミュニティでビジネスを始めれば、全てCBであるかのように捉えられることがある。地域の活動ではリソースの壁にぶつかってビジネスが狭い範囲のものにとどまり、ナショナルワイドのイノベーションを起こすという発想が無くなりがちである。一方、SBは社会に対しての事業のインパクトが大きく、社会システムの変更も志向するものである。

日本においてSBを議論するとき、ソーシャルイノベーション[7]（野中他 2014）的側面を強調する議論があるが、この経産省の定義を参照していることがわかる。

2-2　概念区分はどこでどのように問題とされているか？

　経済産業省WG内の議論（2007-2008）ではSBとCBの区別をどのようにしていたのだろうか。経済産業省の報告書（2007）によれば、「ソーシャルビジネスの中で、特定の地域に根ざした社会的課題をビジネスとして解決する活動を特に、「コミュニティビジネス」と呼ぶ場合もある」となる。報告書の中の別の記述では、「事業対象領域が国内のものをコミュニティビジネス、国内外を

問わないものをソーシャルビジネス」(経済産業省 2008) とも述べられている。こうした記述が経済産業省 WG の中間報告書に盛り込まれ，その検討会に位置づけられる第 5 回 WG 会議の議事録には以下のような発言が残されている。

【第 5 回 WG 会議議事録・佐野委員の発言】
この報告書案では SB と CB，NPO，地域と社会の関係について根本的な整理が欠落している。CB については，行政でも企業でも解決できない課題がある中で，NPO に資金が循環できていないという流れからでてきたものである。こうした CB と SB を一緒にした認識で新しいものができるとは思いにくい。[中略] SB と言うからには，SB の考え方，価値観を出すことで，CB や NPO もはっきりするという議論の仕方に自覚的である必要があるだろう。

また，同様の趣旨の発言として，第 4 回議事録では山口委員の発言，第 5 回議事録では土肥委員の発言をそれぞれ確認することができる。

【第 4 回 WG 会議議事録・山口委員の発言】
資金調達の仕組みさえうまく行けば SB がうまく行くわけではない。担い手を増やすということが重要だが，大きく成功を収める例は極めて少ないので，ミスリードしないようにしなければならない。SB というカテゴリーの明確化と必要性を整理する必要があるのではないか。また SB 向けという特徴のある事業支援や人材育成が必要ではないか。

【第 5 回 WG 会議議事録・土肥委員の発言】
報告書では CB，SB が混在しており，初めて見た方が混乱するのではないか。CB という言葉を SB に言い換えて議論しているところがある。ある程度定義を厳密にした方が良いのではないか。

それにしても，各委員たちは，なぜ SB や CB の区別[8]にこだわるのだろうか。大学の教員という立場で WG に参加している井上委員や土肥委員には，この区別にこだわりたくなる事情があるだろう。大学での講義において，こうしたキータームの定義が曖昧であるならば，学生に教えることが難しいからだ。教育場面以外での厳密な定義や区分の必要性について，上記山口委員は中央労

働金庫所属の立場から，第5回WGでは，金融政策や税制立案，資金調達の観点からの竹内委員の以下の発言がある。つまり，SBとCBの厳密な区分を金融政策側から要請していると理解することもできる。この区分が明確でないと，税制の立案や金融機関ではSBやCB向けの融資商品が作れないという事情もあるだろう。

【第5回WG会議議事録・竹内委員の発言】
資金調達[9]について述べたい。国民生活金融公庫では，現在でもNPOであれ，株式会社であれ，どのような法人形態でも融資対応している。しかし，SBやCBを特別に支援するのならば，SBの定義をしっかりしてほしい。これまでの研究会では，CBはSBに含まれるものか，という認識もあった。しかし，今日の議論を踏まえると，CBはSBに交わるが，すべてが含まれはしないのではないか。この報告書では，SBの中で，地域限定のものがCBという整理になっているが，そうするとフローレンスやビッグイシューはCBに含まれないのではないか。

これらの発言からもわかるとおり，経産省WGの報告書では，SBとCBの違いが整理できていない。実際，「SBの中で，特定の地域に根ざした社会的課題をビジネスとして解決する活動を特に，「CB」と呼ぶ場合もある」という区分はある種の欠陥を抱えている。ユヌス（Yunus 2010＝2010）の展開したSBの実践である，グラミン銀行に代表されるようなグラミングループの試みは，すべて特定の日常生活圏域[10]に根ざした社会的課題の解決を目指している。にもかかわらず，ユヌスは自分たちのビジネスを決して「CB」とは呼ばない。

他方で，上記井上委員や倉持（2014）が述べているように，「CB」という名称は，中小企業・地域型経営論，非営利組織経営論へと導いてしまう傾向があるようだ。「ソーシャルとビジネス」の関係とは異なり，「コミュニティとビジネス」の関係は対立してきた経緯があるわけではなく[11]，CBを直訳すれば「地域の商売」ということになり，端的に「地域での商売」であると直観してしまう。たとえば倉持（2014）は，コミュニティカフェの運営について，CB的運営を取り入れることに難色を示している。コミュニティカフェとは，社会的に排除されてきた人びとに，毎日来てもらえるようなカフェを運営することで，少しでも地域につながりを作る試みである。倉持の説明から判断する限り，倉持は「CB＝ビジネス」と考えており，その運営手法をコミュニティカフェの

運営に取り入れれば，社会的に排除された人びと（たとえば貧困者）を包摂するコミュニティカフェの特徴が損なわれると考えていることが読み取れる。

　実際のところ，この経済産業省WGは，竹内委員の上の指摘のように非営利組織概念では捉えきれない実践が出てきたので，SBという概念やSB／CBという区分が必要になってきたという事情がある[12]。しかしながらSBとCBを区分するコードは，「事業対象領域が広い／狭い，国外／国内」であるということはありえない。くどいようだが，社会的問題は，解決されるべき問題として発生する多くの場合，日常生活圏域において顕在化する。たとえば，昨今の保育士不足の問題は日本全国の問題であるように思われがちだが，実は首都圏在住の人びとの日常生活圏域に特有の問題である[13]。

3　ソーシャルビジネスとコミュニティビジネスをどのように区分するか

　ここまで来ると，SBとCBをどのように区分するかが，いかに複雑な問題を抱えているのかわかるだろう。つまりは，SBやCBを名乗る実践のあり様やそれについての議論が多様[14]すぎて，それぞれに固有の原理原則を取り出すことが困難なのだ。

3-1　ソーシャルビジネスとコミュニティビジネスの担い手

　本節では，それぞれ想定される事業の担い手について整理することで，SB／CBの区分法と結び付けて検討していきたい。SBの担い手としては，すでに決まった名前がある。谷本らによれば，ソーシャルアントレプレナー（社会的起業家）とは，「今解決が求められている社会的課題（例えば，福祉，教育，環境等）に取り組み，新しいビジネスモデルを提案し実行する社会変革の担い手」（谷本他 2007：19）である。また，ボーンスタイン（Bornstein）とデイヴィス（Davis）によれば，「ソーシャル・アントレプレナーシップとは，多くの人びとの生活をよりよいものにするために，貧困，病気，非識字，環境破壊，人権侵害，汚職のような社会問題の解決に向けて，市民が制度を打ち立てたり変革するプロセスである」（Bornstein & Davis 2010：1）。他方，CBは一般に，「地域コミュニティを基点にして，住民が主体となり，顔の見える関係のなかで営まれる事業」（細内 2010：12）[15]と定義される。細内は，「社会的企業の担い手となりうるのは［中略］地域に長く住み，生活者としての視点で自らの住む地

域を見ることができる地域の市民・住民こそが，その主役となるべきである」（細内 2010：164）と述べている。

　SB や CB などの社会的企業の担い手として，野中ら（2014）は，「実践知リーダー」という表現を採用している。この実践知リーダーとは，「価値観もしくは信念や理想によりさまざまな関係者を全体としてまとめ，具体的な活動を組み立てていくリーダー」（野中他 2014：265）である。ここでいう「実践知」とは，「共通善（Common Good）の価値基準をもって，個別のその都度の文脈のただ中で，最善の判断ができる身体性を伴う実践的な知恵であり，古代ギリシアの哲学者アリストテレスが提唱した「フロネシス」という概念を援用している。「フロネシス」とは賢慮や実践的知恵あるいは実践理性と訳されることが多いが，われわれは「実践知」（野中他 2014：277）としている。

　これについては，「実践知リーダー」が持つべき「6 つの能力」（野中他 2014：27-293）の最初のひとつ，「「善い」目的をつくる能力：何が共通善（Common Good）なのかという判断基準を備えていること」を見てみるとわかりやすい。実際，植木と川本（2011）はビジネスにおける競争などの価値についての検討の中で，大震災に不安を抱く人びとの心理をたくみに利用した便乗商法のようなものを肯定する立場をとらないと宣言し，「公正に戦わない会社や人には勝つ権利がない」と断言している。こうした話はまさに，共通善についての議論を専門とするコミュニタリアン系政治哲学，たとえば有名なサンデル（Sandel 2010＝2010）の議論を想起させる。あるいは，この点についてはコミュニティ概念そのものの問題[16]ともいえるかもしれない。

　社会福祉との関係に触れると，筆者が興味深いと思うのは，SB や社会的企業，ソーシャルアントレプレナーの教科書の中で，日本のソーシャルアントレプレナーの代表例として，渋沢栄一（島田 2011），留岡幸助（高瀬 1982）や石井筆子（一番ヶ瀬他編 2004）などの戦前の社会福祉実践家（篤志家）を挙げているものが多数ある（たとえば町田 2000，駒崎 2010，神野・牧里他 2012，平田他 2012）ことだ。ここには 2 つのポイントがある。ひとつはこれらの先人たちは，この時代においてすでに「共通善」的価値観や人権意識を強く持っていたということ，もうひとつは日本の現代社会福祉制度が確立する以前の実践，つまり公的な経済的助成が期待できない中で，寄付などを募ることで，孤児院や更生施設を運営したということである。

　SB／CB の想定される担い手について要約すると，SB はソーシャルアントレプレナー，CB は地域住民，そして双方の担い手に期待されるのが共通善へ

の志向ということになるだろう。

3-2　アメリカ型「社会的企業」／欧州型「社会的企業」

　本項ではSBとCBをひとまず「社会的企業」と一括りにしてしまい，アメリカ型「社会的企業」と欧州型[17]「社会的企業」の区分を導入してみたい。先行研究でも，アメリカ型「社会的企業」概念と欧州型「社会的企業」概念の違い[18]を論じた論考は少なくない（たとえばEvers & Laville 2004＝2007；米澤 2011；藤井他 2013；山本他 2014；牧里他 2015；米澤 2017）。米澤（2017）によれば，アメリカ型「社会的企業」概念と欧州型「社会的企業」概念の，特に顕著な相違点は以下のように整理される。

> 　第一に，強調されるガバナンスのあり方が異なる。社会的企業は，経済的目的と社会的目的のバランスをとることが必要とされるが，この方法が問題になる。アメリカ的概念では，事業の立ち上げ，経営する社会的起業家の役割が強調される。社会的起業家は，社会的目的を明確にもちながら事業を継続することが求められる。一方，欧州では多様な利害関係者の参加が強調され，民主的運営によって複数の目的を調和させることが強調される。
> 　第二に，中心となる収入源が異なる。アメリカでの社会的企業概念においては，政府の役割は否定的に捉える傾向があり，市場からの収入（事業収入）が強調される傾向にある。一方で，欧州での社会的企業概念は政府の役割が強調される。補助金の提供元としてはもちろんのこと，委託契約の相手先，あるいは組織の意思決定にかかわる組織の利害関係者の一部として，政府の関与が不可欠なものとされる。（米澤 2017：20）

　このように相違点を整理し，上記第一の相違点と，前節における「担い手」論を重ねると，興味深いことにSBとCBを区分するひとつの境界線が浮かび上がる。つまりアメリカ型「社会的企業」は日本において「SB」と多くの特徴が重なり，欧州型「社会的企業」は日本において「CB」と多くの特徴が重なることがわかるだろう。第二の相違点においても，「問題の解決を政府任せにし，解決できない政府を批判する日々を過ごす必要はない」と，自らの事業を「ソーシャルビジネス」と定義するユヌス（Yunus 2010：29）は述べているのと，アメリカ型「社会的企業」が政府の関与に対して消極的な点で一致している。

本書は,「社会福祉の側から,事業体の持続可能性を検討するうえで,コミュニティビジネスやソーシャルビジネスの手法を参考にする」ことを趣旨としている。このようなパースペクティブからいうと,上記区分でいえば欧州型「社会的企業」,あるいはCB的なビジネス手法を参照することが,比重としては大きくなりそうである。日本の社会福祉制度は一般に欧州型の社会保障論の影響が大きく,医療保険制度の例を持ち出すまでもなく社会保障などの点において,アメリカ型とは相容れない部分が大きい。日本の社会福祉を語るうえで行政の存在を無視することはできないし,社会福祉的経営において公的助成を考えないことは,一部のソーシャルアントレプレナーには可能かもしれないが,日本の社会福祉事業の経営として現実的な選択とは言いがたい。

3-3　強い境界区分法／弱い境界区分法

　では,前項のような区分法を無批判に採用できるかというと,残念ながら話はそこまで簡単ではない。ドラッカー (Drucker 1990 = 1991：134) は,非営利組織の成果をはかる尺度は目的とする社会貢献によって異なるはずであり,たとえば美術館 (非営利組織) の成果をはかる尺度としての「再訪度」などが挙げられるであろうと述べている。同様にユヌス (Yunus 2010 = 2010：22) も,グラミン・ダノンのような貧困層の子どもたちの栄養補給を支援する社会的企業であれば,その成功基準は,生み出した年間利益ではなく,「栄養不足を解消した子どもの数」だと述べている。つまり,アメリカ型欧州型を問わず,「社会的企業」の評価基準は,営利企業の利益に該当するような,ある固有の尺度によって決定されるというより,「社会的企業」が「何を解決すべき社会的課題と設定しているか」によって,個別的に異なってくる。このような「社会的企業」の評価基準の個別性を考慮すれば,アメリカ型「社会的企業」＝SB,欧州型「社会的企業」＝CBという単純な二分法は,「担い手」「ガバナンス」論や「公的機関との距離感」のような側面についてはある程度妥当するが,それでも危うさの残る区分法であることがわかるだろう。

　エヴァースとラヴィル (Evers & Laville 2004 = 2007：51) によれば,欧州におけるサードセクター[19] (≒社会的企業) 研究では,基本的にサードセクターの開放的・混合的・多元的・媒介的な性質が強調される。これはサードセクターを政府や市場から切り離して一種の独立セクターと,あるいは,サードセクターを生来的に「市民社会セクター」とみなす見方とは異なっている。したがって,サードセクター組織がより商業的になったり,福祉国家に親和的になっ

たりすることもある。「媒介的な空間（intermediary space）」という発想に立つことによって，一方で市場という場，もう一方でコミュニティや政府組織と，サードセクターとの間に明確な境界線など存在しないという事実に気づかされる。

米澤（2017：63-85）はサードセクターの境界区分について，「強い境界区分」と「弱い境界区分」という境界区分法を導入し，後者の境界区分法を擁護している。米澤によれば，サードセクターの境界区分法として支配的であったのは「強い境界区分」のほうで，所有形態によって組織の区分を図る捉え方であり，明確にセクター境界を区分して，それぞれのセクター内では共有される原理を想定する。つまり，「強い境界区分」は独立型サードセクターを想定した区分法である。しかしながら，このような「強い境界区分」法では，「社会的企業」の多様性を捉えきることが困難なのは，これまで見てきたとおりである。

これに対し，「弱い境界区分法」は，サードセクターを，何らかの本質を持った領域があらかじめ存在する領域とは捉えない。セクター区分の引かれ方は何らかの本質を反映したものであることを意味しない。米澤（2017：75）によれば，「弱い境界区分法」とは，政策担当者や学識者，実践家によって作り出された結果によって生じた，複数の多様な組織群を結果的に統合する境界区分なのである。サードセクターの境界区分は，時代や社会ごとに可変的である。そして，アイデンティティの共有のために境界が引かれるという側面だけではなく，境界が引かれることによって，アイデンティティや何らかの原理が見出される側面が存在することでもある。「弱い境界区分法」は媒介的な空間を想定した区分法でもある。

本章の出発点は，SBについて「一方で明快な定義を与えつつ，他方で「研究者の間にコンセンサスがあるとは言いがたい」と主張しなければならない事情」をどのように記述するかであった。米澤（2017）の提案するような「弱い境界区分法」は，SBとCBの区分を考えるうえで，示唆的である。SB／CBの名称は，それぞれの固有原理や固有実態を指示していると想定せず，組織ガバナンスのアイデンティティや，政府との距離感を示す道具であり，そのビジネスを運営管理する事業体が前面化させたいものを示すラベル的役割をしていると考えれば，その多様な「社会的企業」を固定化され硬直化した枠組みに無理矢理押し込まなくてすむことになる。別な言い方をするならば，ある事業をSBと名乗るかCBと名乗るかは，それぞれ「ソーシャル」概念／「コミュニティ」概念のどちらに多くの期待を寄せているかにかかっているともいえる。

4　まとめ

　本章の目的は，経済産業省WGなどでなされてきたSBとCBの区分法についての批判的検討を行い，アメリカ型／欧州型の区分法や「弱い境界区分法」を導入することで，それぞれの概念を彫琢し，明晰にしていくことにあった。本節では，「本書全体の議論を建設的な方向へ導くような概念整理をすること」について敷衍し，本書編者の一人である海老田が「本書全体の議論を建設的な方向へ導く」問い立てをどのように考えているかについて述べることで，本章のまとめとしたい。

　SB／CBの区分法を考えるとき，本章ではアメリカ型社会的企業／欧州型社会的企業の区分法が一応の見通しを立てるうえでは有効な区分法であることを示したうえで，区分法の原則として「弱い境界区分法」を擁護した米澤（2017）の議論に同調した。その理由をここまでの議論に即して3つに整理すると，①「SB／CBの名で展開される事業の多様性を考えたとき，社会的企業を固有原理や固有実態があるものと想定しないことで，SB／CBの区分を柔軟に設定することができるため」，②「欧州におけるサードセクター（≒社会的企業）研究では，サードセクターの開放的・混合的・多元的・媒介的な性質が強調されることが，サードセクター研究のスタンダードであるため」，③「SB／CBの区分を必要とするのは基本的に一部の教育者や研究者，一部の金融関係者のみで，SB／CBのステークホルダーにとっては，この区分そのものはあまり意味を持たないため」ということになるだろう。こうした理由を踏まえれば，SBにせよCBにせよ，その実践についての実り豊かな議論は，「どの企業運営がSBで，どの企業運営がCBか」という「強い境界区分法」を前提とするような，SB／CBそれぞれの定義に関わる議論ではないだろう。「どのような方法論を採用すれば社会的課題が鮮やかに解決し，かつその解決を支える事業所が持続可能になるのか」という問いと，その実践に即した詳細な事例検討こそが，SB／CBについての議論を実りある方向へと導いてくれるファーストステップであろう。

　その中で，あえて本書がCB的な実践に注目するのは，本章で検討してきたように，これまで日本で培われてきた社会福祉と親和的なのは，SB的な運営方法よりもCB的な運営方法であるからに他ならない。そして本書は，概念整理や会計実務，ケーススタディについての議論を経由し，CB概念の再検討で

締められることになる。

【謝辞】 本研究は，JSPS 科学研究費補助金（平成 27 年度　若手研究（B）：課題番号 15K17229）の助成を受けた研究成果の一部である。また，本研究は社会言語研究会や新潟青陵大学ソーシャル・ビジネス研究会にてピアレビューを受け，たいへん有益なコメントを得た。当日研究会に参加いただいた同僚たち，友人たちに感謝申し上げる。

1) 本章には議論の特性上，「ソーシャルビジネス」と「コミュニティビジネス」が頻出するため，引用文以外は原則として略語を用いる。
2) SB は非営利組織なのかという疑問に対し，ユヌス（Yunus 2010＝2010：172）は「現時点では，ソーシャルビジネスは非営利組織ではなく従来型の営利企業の構造のもとで運営するのが最善策であり，その最大の理由は所有権の問題である。所有権があれば株式の発行も可能であり，この点こそが非営利事業とソーシャルビジネスの最大の違いでもある」と述べている。
3) ユヌスが影響を与えた人びとの物語については，シュワルツ（Schwartz 2012＝2013）などを参照のこと。
4) 「配当なし」を強調するのは，ユヌスのいう SB と，イギリスの「コミュニティ利益会社（Community Interest Company＝CIC）」などを区別したいという動機があるようだ。ユヌス型 SB と CIC の最大の違いは，後者が制限つきとはいえ配当の支払いが認められている点にある。
5) たとえば原田（2010），富澤（2011）など。
6) 社会的課題について，詳しくは本書の髙橋論考（第 3 章）を参照のこと。
7) そもそも「ソーシャル」と「ビジネス」には「はじめに」で述べたようなゆるやかな対立があるわけで，この対立を乗り越えようとすれば，新しい仕組みが要請されるだろう。
8) たとえば本書の三浦論考（第 5 章）のケースを SB／CB で区分することにほとんど意味はないだろう。また，日本では地方の過疎化や少子高齢化などの問題により，「日本の地方・地域のあり方そのものが社会問題化している」という複雑さもある。
9) 資金調達については本書の髙橋論考（第 3 章）および増子論考（第 4 章）も参照のこと。
10) 日常生活圏域においては本書の平川論考（第 11 章）も参照のこと。
11) ただし，「コモンズのような共有地」と「ビジネス」のような，私有／共有の区別とビジネスの話となると，話は複雑になる。この点については，ハーディン（Hardin 1968），宇沢（2000），宇沢・関（2015）などを参照のこと。

12) この経緯を委員と報告書作成者が共有できていない。その証拠に，経産省 WG 中間報告書の SB と CB の定義について，第 5 回 WG 委員会で，SB と CB の定義について，これだけダメ出しをされているにもかかわらず，中間報告書のこの SB と CB の定義と区別が書かれている箇所は，最終版でも修正されてはいないからだ。
13) この点については本書の齊藤らの論考（第 7 章）も参照のこと。
14) SB や CB の名のもとで展開されている事例集（web で無料閲覧可）として，経済産業省「ソーシャルビジネス 55 選」，「Social Business Casebook：地域に「つながり」と「広がり」を生み出すヒント」，経済産業省関東経済産業局「コミュニティビジネス事例集 2014」，「コミュニティビジネス事例集 2015」，「コミュニティビジネス事例集 2016」などがある。
15) 細内の議論に対する批判は，本書の平川論考（第 11 章）を参照のこと。
16) この点については平川（2004；2012；2017）および本書の平川論考（第 11 章）を参照のこと。
17) 欧州型といっても社会的企業のあり方は多様（山本編 2014 の第Ⅱ部などを参照）である。たとえばイギリス型（Taylor 2004＝2007，遠藤 2015），イタリア型（Borzaga 2004＝2007，佐藤・伊藤編 2006），スウェーデン型（福地 2010，藤岡 2012 など）を読み解くそれぞれの社会的企業のキーワードとして，イギリス型であれば「コミュニティ」や「福祉ミックス」，イタリア型であれば「社会的協同組合（特に B 型）」，スウェーデン型であれば「福祉国家」，「公的支援」などがあり，論じるべきことは多数あるが，本章では紙幅の関係上扱わない。
18) この点については，本書の川本論考（第 2 章）で詳しく論じている。
19) 「サードセクター」という用語は，ここでは社会的企業と互換的に使用する。なお，第三セクターと訳さず，サードセクターと片仮名書にする理由は，日本で言う第三セクターと，欧州で使用されるサードセクターの指示内容の範疇が大幅に異なるからだ。日本の場合，第三セクターといえば，いわゆる半官半民組織を指すだろう。他方，欧州では，独立型サードセクターの意味では非政府的かつ非商業的である残余領域を指し，媒介型サードセクターの意味では，完全なる公的組織でもなければ商業的な組織でもない，開放的・混合的・多元的・媒介的な組織を指す。なお，日本型第三セクターとコミュニティビジネスの関係については，本書里見論考（第 6 章）を参照のこと。

第2章

欧米の社会的企業論の系譜と日本の導入状況

川本健太郎

1 はじめに

　社会的企業は，社会的な目的の追求を目指す公益ないしは非営利と資本の最大化を志向する営利の原理が，せめぎ合いながら混在化し形成されてきた概念のひとつである。社会的企業が，近年，世界的にも注目を集める背景に，「営利」と「非営利」の事業体の境界が，曖昧化してきていることがあげられる（塚本 2008）。
　営利企業では，フィランソロピーやCSR（企業の社会的責任）などの社会貢献戦略の中で，社会課題の解決や新しい社会的価値創造の担い手として,「公益」や「非営利」の領域への関与を強める方向にある（塚本 2008）。営利企業のマーケティング戦略においては，従来の顧客志向のマーケティングから社会的な課題解決を目的においたマーケティング,すなわち，ソーシャルマーケティング（Social Marketing）やコーズリレーテッドマーケティング（CRM：Cause-Related Marketing）[1]が導入されている。一方の非営利組織においては，助成金や公的な補助金への依存から抜け出し，市場における収益獲得を目的に「商業化」していく非営利組織が台頭している（塚本 2008）。
　このような「営利」と「非営利」の境界の曖昧化に伴い，非営利セクターが発展している先進諸国の中で，社会的企業の台頭が顕著であり，社会的企業に関する研究も活発に行われている。しかしながら，一言で社会的企業といって

も概念規定は国や地域により異なる。とりわけ，米国を起源とする概念化と欧州のそれとでは大きく異なることは広く知られている。米国では，非営利組織の商業化を基調とする。他方の欧州については，福祉国家並びにサードセクターの再編の中で社会的企業が取り上げられる。日本も例外ではなく，社会政策とサードセクターの再編の動きの中で，また，企業・経営論などの立場によって，それぞれに異なる概念化がなされ，ひとつの定説を持つに至っていない。

そこで，本稿では，とりわけ「商業化」を志向するアメリカと欧州におけるサードセクターの議論を中心とする社会的企業論において，その歴史的経緯と概念的枠組みについて整理を行う。そして，これらの2つの系譜が見られる中で，日本の社会的企業論がどのような位置付けにあるのか，その座標を明らかにしていくことを目的とする。

2　アメリカにおける社会的企業論の研究アプローチ

2-1　アメリカの社会的企業論導入の背景

アメリカにおける社会的企業概念は，営利企業やNPOを問わず，社会的に価値のある事業や活動を行う組織の連続体として捉えられ，1980年代以降[2]になって研究が活発になってきている。その背景には，非営利組織を取り巻く社会経済環境の変化とそれに伴う組織的変化がある（塚本 2008）。「小さな政府」を志向し，市場原理の積極的導入により社会保障費の削減を目指したレーガン政権誕生以降，民営化が推進されたことが背景となる。そしてなにより，政府の緊縮財政による福祉をはじめとする社会サービスなどの事業費削減が，非営利組織の財政構造に大きなインパクトを与えた。連邦政府による支出削減は，その代替的財源となる寄付や助成金の獲得をめぐるNPO間の競争を激化させた（塚本 2008）。こうした圧力のもとで非営利組織は既存の事業を維持していくためにも商品やサービスの販売といった収益事業など商業活動への関与，つまり「商業化」の傾向を強めることになった。

スクルート（Skloot 1988）は，非営利組織が商業化に動機付けられる理由を以下のように説明している。

・厳しい財政，政府による資金提供の減少
・寄付金をめぐる競争の激化
・企業心を受け入れやすい国民性
・非営利組織の中での商業的活動とチャリティとの安全な共存を受け入れる

傾向などに特徴付けられる環境変化への非営利組織の対応

2－2　商業化指向の社会的企業論

　非営利組織の商業化は，単に，営利化への変質とみなされていたわけではなく，経営に革新をもたらす可能性があると指摘されている（Weisbrod 1998）。
　まず，寄付や公的資金に依存してきた非営利組織が収益事業に関わる便益として，利潤を得るために生産活動の効率化や生産品の質を高めていくことに注意を払うなど経営能力の向上が期待できる。また，寄付や公的資金に加えて市場からも資金を調達することで財源が多様化し，組織の健全性の強化が図られるなど市場取引への積極的な関与を肯定的に捉える評価もある（Skloot 1998；Dees 1999）。
　このような，非営利組織の商業化と営利と非営利セクター間の曖昧化が強まる中で，ディーズ（Dees 2001）は，非営利セクターが取るべき活路として「社会的企業」を提起している。ここでの社会的企業概念は，営利や非営利といった法人格を問うものではなく広汎にわたり，企業と同じく商業的ではあるものの，完全に営利企業や慈善（非営利）組織は含まれないとしている。そして，ほとんどの場合，商業的な要素と慈善的な要素のバランスをとりながら生産活動を行う主体としている。その具体的な事例として「DC セントラルキッチン」がある。ホームレスに食品を提供するのではなく，廃棄処分となる食材（安全性が担保されているもの）を集めて，調理しレストランにおいて販売を行う就労支援プログラムである。「釣った魚を与えるのではなく，釣り方を教えよ」という教訓があるように，廃棄処分となる食材を善意により回収し，調理することでマネタイズ（収益化）を図ると同時に，技能習得により企業などへの就労に結びつけていくことを目標としている。これらの運営にかかるコストは，売り上げが基本となる。
　このような売り上げにより経営を成り立たせること，ゴールを企業などへの就労に結びつけていくことを踏まえて，ディーズ（Dees 2001）は，非営利組織にも企業家的なリーダシップを求めている。つまり，非営利セクターのリーダーや起業家は，単に利潤を得るためだけに収益事業に固執するのではなく，収益事業と非営利組織が掲げる社会的な目標の達成や課題解決のための事業とを結びつける新しい方法を見出す人びとのことであり，「ソーシャルエンタープライズスペクトラム（表2–1）にそって，あらゆる戦略的選択の方法を開発すべきである」と主張する。このように非営利組織の商業化を肯定的に捉えるこ

表2-1 アメリカ型社会的企業スペクトラム

動機・手法・目的		慈善へのアピール ミッション志向 社会的価値	混合的動機 ミッションと市場志向 社会的・経済的価値	私益のアピール 市場志向 経済的価値
主要な利害関係者	受益者	支払いなし	割安，あるいは完全支払い者と支払いをしないものの混合	市場レートでの価格
	資本	寄付と助成金	市場レート以下での資本，あるいは寄付と市場相場での資本の混合	市場レートでの資本
	労働力	ボランティア	市場相場以下での賃金，あるいはボランティアと有償スタッフとの混合	市場レートでの給与
	供給者	現物での給付	特別割引，あるいは現物か完全支払い寄付の混合	市場レートでの価格

純粋に慈善的 ◄―――――――――――――――► 純粋に商業的

（出所） Dees（1998：60）

とで，米国における非営利組織研究に社会的企業概念が浮上していった。

2-3 商業化指向の社会的企業論の課題

　一方で米国の社会的企業にはいくつかの否定的な見方も存在する。そもそも，商業化は，非営利セクターに市場の原理を持ち込むことになる。非営利組織であれ，市場での取引を行うのであれば，サービスなどの受益者に対して消費能力を問うことになる。そのため，資金を持たないものは購入できない，といった受益者の限定や選別が生じてしまう。そのことが，ケアなどの社会サービスを供給していく局面にまでもたらされることで潜在的な貧困層が排除されかねない。また，市場には，競争原理が働く。そのため，労働者の評価は生産性に基づくことが一般的である。労働に必要な技能を持たないものに雇用の席が回ってこないという能力主義の原則が横たわり，結果として，サービス提供者サイドと受益者サイドとの区別化がより明確になる（川本 2015）。

　これらのうち，前者の過度の商業化により生じる貧困層の排除は，非営利組織における存在意義そのものを問うものであり，藤井（2013）は，このような排除性を克服しない限りにおいて，非営利組織における公益性の認識根拠が崩れてしまい，事実，非営利組織に対する税制上の優遇措置を剥奪すべしというロジックに利用されていると述べる。

　米国における社会的企業の潮流は，実際には，非営利組織の企業への制度的同型化という特徴を色濃く有しており，そのことは，翻ってNPO自身に対し

て，企業と同様の「市場の失敗」という刻印を記し，自らの正当性の基盤を崩壊させかねないのである（藤井 2013）。こうした負の側面をいかにして克服していくことができるかという課題は，米国の社会的企業にとって重要な課題であるといえるだろう。

3　欧州における社会的企業研究のアプローチ

3-1　欧州社会的企業論の歴史的経緯

　米国の商業化と反対に欧州の文脈では，社会的企業が連帯経済の潮流を基盤として登場してきている。連帯経済を端的に説明すれば，相互扶助や民主的参加を含む連帯関係が組み入れられた経済活動のことである。北島（2004）によれば，政治的な次元では，市民のつながりを強めて民主主義を支える役割を果たす。経済的次元では，多元的経済のハイブリッドにより，既存の支配的な経済のあり方の隘路を乗り越える展望をもたらすオルタナティブな経済のあり方として把握されてきたとされる。

　そもそもこうした連帯経済の起源は，19世紀以降の社会的経済思想まで遡るものであるが，欧州で連帯経済が重視されるようになったのは，オイルショック以降である。なぜなら，経済成長の落ち込みに伴う長期失業者の増加や社会的排除問題の深刻化，保育や高齢者介護などの社会サービスの不足を背景として，フランスにおける若者の就労支援組織や父母協同組合のように，市民によって設立された地域に密着した小規模事業体が多数生まれ，それらが「連帯経済」として注目を集めるようになっていったからである。たとえば，地域通貨やフェアトレード，マイクロ・クレジットなど「利潤ではなく人間の連帯」のための多様な草の根の経済活動など，これらの動きを「連帯経済」運動と呼んでいる。

　これらの連帯経済は，協同組合や共済組合を中心とした従来の社会的経済が大規模化し，市場競争の中で徐々に営利企業に接近していったのに対して，それらを批判し本来の連帯や民主的参加という要素の再活性化を志向する運動としての色彩を強く持っていた。また，社会的排除問題の解決に従事し，対人社会サービスを担っていく中で，参加能力を有した組合員のみの利益（互助）というよりも，地域コミュニティの公共的利益を志向し，マルチステークホルダー型の所有構造を志向する組織を生み出すようになっていったのである。

3-2 福祉国家の再構築と社会的企業の親和性

　欧州の社会的企業の位置付けは社会保障制度をはじめとする社会政策，そして，サードセクターのあり方によって各国で異なる。しかしながら，連帯経済の流れをくみ発展してきた経緯や社会的企業がサードセクターに位置付けられている点については共通している。加えて，社会政策との親和性の高さに米国との差異が見出せる。米国と比べて欧州では，社会的企業に関連する法制度がかなり整備されている。たとえば，法人制度は，1991年のイタリアの社会的協同組合法を皮切りに，ベルギー（社会的目的会社）やフランス（集合利益のための社会的協同組合）などにおいて次々と成立していった。そして，政府は，社会的企業に対して，委託契約を中心とした公的資金や基金などによる財政支援を積極的に行ってきた。

　このような政府と社会的企業の関係が築かれていった背景には，欧州でも米国と同様にグローバルな市場競争にさらされ厳しさを増す労働市場と，少子高齢化に伴う社会保障制度の脆弱性の高まりがある。欧州においては，福祉国家による社会政策への支持基盤が強固であり，それらがすぐさま福祉国家の解体に結びつくというものではなかったが，一定の再構築を余儀なくされていき，サードセクターの再編へとつながっていった（藤井 2010；2013）。その中で，福祉国家の再構築をすすめていく政策の理念として，権利に対する機会の平等と同時に，結果の平等に対する機会の平等が強調された（藤井 2013）。

　それは，給付を基本とする従来の社会保障制度により，貧困層を一方的なサービスの受益者として位置付けるだけのものではなかった。労働市場の活性化を政策の重要課題としながら，貧困層を対象として多様で多層的な就労訓練を含む教育の機会と雇用の場を設けることで労働市場への統合を図り，社会参加を促していく積極的労働市場政策に軸を置いた福祉国家体制へと移行することを意味していたのである。

　さらに，政府は，進展する少子高齢化と合わせて厳しくなる財政状況下において，市場原理の導入と民間企業における経営手法を公共部門に適用していく，ニューパブリックマネジメントを普及させていった。そのことにより，行政組織における契約文化は浸透していくことになる。その中で，サードセクターには，教育や雇用創出の主体としての期待が寄せられていった。

　以上のことから，サードセクターに位置付けられる欧州の社会的企業は契約文化をすすめる政策の下支えを得ながら発展していったといえるだろう。

図2-1　欧州社会的企業の位置付け

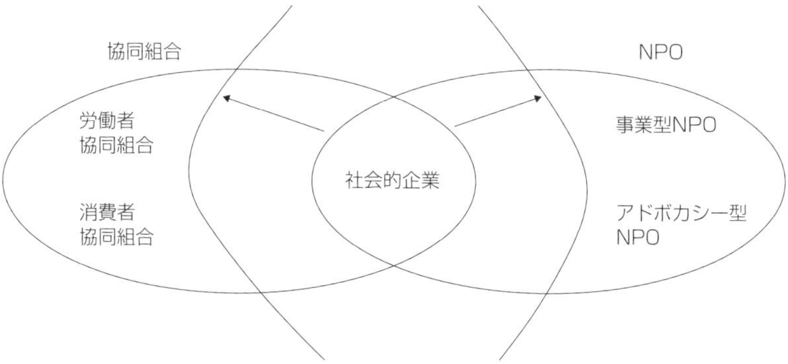

協同組合　　　　　　　　　　　　　NPO

労働者協同組合　　　　　　　　　事業型NPO

社会的企業

消費者協同組合　　　　　　　　　アドボカシー型NPO

（出所）Defourny（2001：22）

3-3　EMESネットワークにおける社会的企業概念

　欧州の社会的企業に関しては，EMES（l'Emergence des Entreprises Sociales）が中心となって調査研究が蓄積されてきた。EMESは，1996年に欧州委員会からの補助を受けて始まった欧州社会的企業研究の国際比較調査プロジェクトを機に結成された学際的な研究者ネットワークである。EMESの社会的企業概念は，営利企業を含まず，NPOと協同組合によって構成されるサードセクターの現代的展開として捉えられる点に特徴がみられる。その意味でサードセクターの部分集合であり，「新しい駆動力」として認識されているといえるだろう（藤井 2010）。

　デュフルニら（Defourny et al. 2001 ; 2006）によると，NPOと協同組合の重なりあった位置にある組織として把握されており，このことは，欧州の社会的企業が，上述してきた連帯経済を基盤としてきたことに関わっている。藤井（2013）は，従来の共益を志向していた協同組合が，地域コミュニティにおける公益を志向するようになり，一方で従来，事業性の低かったNPOが事業性を強めていき，両者が接近していく中で，社会的企業という言葉が使われるようになったと説明する。

4　社会的企業の社会性

4-1　アメリカと欧州社会的企業研究の共通点

　以上のように社会的企業については，欧州と英米で異なる文脈のもとに概念

化が図られてきた。これらについて，米澤（2012：50-52）は，3つの異なる基準①収入源，②アウトカム，③ガバナンス構造に注目して社会的企業を特徴付けるアプローチであり，英米系の学派について①稼得所得学派，②社会的イノベーション学派，欧州の社会的企業研究を，③社会的経済学派として，共通点を持ちつつも3つに区分できるとし，下記のように整理している。

①稼得所得学派：アメリカの経営学を中心に発展してきたもので，非営利組織の市場からの収入の拡大や企業経営的手法の活用が非営利組織のミッション達成に対して有効性を持つとされている。
②社会的イノベーション学派：社会的企業がもたらす成果に注目するものである。社会的イノベーションと呼ばれる社会問題に対する社会起業家を中心とする主体による独創的な解決策に期待し，その意義を強調する。いかに社会変革がなされたかが焦点となる。
③社会的経済学派：欧州の社会的企業を対象とするものである。協同組合研究の伝統をくむ社会的経済学派は，社会的企業のガバナンス構造に着目し，組織における民主的意思決定過程や社会的企業の依拠する資源の多元性の意義が強調される。

　米澤（2012）は上記のように区分されるものの，共通点のひとつは，社会的目的と経済活動との結びつきであると述べる。また，社会的経済学派の研究者は，3つの学派に共通して「経済活動に埋め込まれた社会的目的」を強調することを指摘する。そして，社会的企業が複数の組織形態や原理をまたがって活動する「ハイブリッド性」であるとする。社会的企業は何らかの意味でハイブリッドであり，雑種的な組織として捉えられている（米澤 2013）。
　こうした議論をふまえて，藤井（2013）は，社会的企業の本質を，「社会の問題を解決し，社会を変えて行くために，コミュニティの力も，市場（ビジネス）の力も，制度（政府）の力もうまく組み合わせて用いながら，持続可能で自律的な経営を確保し，新しい問題解決のあり方（イノベーション）を生み出すための仕組みや戦略のことである」として，別な言い方をすれば，異なるものをつなぎ合わせて問題解決をするという意味でハイブリッド組織であると述べる。

4-2　社会的企業の社会性

　これまで社会的企業概念がアメリカや欧州で導入されてきた背景，社会的企

業の概念化の経緯について概観してきた。アメリカと欧州の潮流は異なるものの，社会的企業が持つ社会的目的と経済活動との結びつきのほか，ハイブリッド組織であることに共通点が見出せる。ここで肝心なのは，社会的企業が「社会的」であることの由縁であろう。その点を看過すると，これまでの非営利組織，そして，一般の企業論との差異を見出すことができず，社会的企業を論じることの意義が問われる。

　アメリカの社会的企業の形態として，谷本 (2006) は，事業型 NPO，社会指向型企業，中間形態の事業体，一般企業の社会的事業（CSR）の4つをあげることができるとした。続けて谷本 (2006) は，そのうち，事業型 NPO，社会指向型企業，中間形態の事業体の3つの類型については，それらの事業組織によって提供される財やサービスが「社会的」であることを根拠に社会的企業であると説明している。つまり，商業化志向の社会的企業は，①社会的な財やサービスの供給，②経営活動を進めるうえで，社会的な課題に取り組むこと，③本業以外での社会貢献の3つに大別できる。橋本 (2011) は，これらの多様な「社会性」に注目することと，社会的企業論のサードセクターに属する組織に限定せず営利企業の形態も含むことは表裏一体の関係にあると述べている。たとえば，この見解に立つと，企業努力や技術革新を通して環境に配慮することを目的に排気ガスを出さない電気自動車の生産も含意される。こうした生産活動も「社会性」に関わる事柄として全般的に扱うことから，営利企業か非営利組織であるかなど事業形態にかかわらず，事業組織全般を広く研究の対象とすることが望ましいとされている（橋本 2015）。

　他方の欧州の社会的企業論に依拠する立場では，社会的排除に対応することが社会的企業の「社会性」と捉える。EMES では，欧州の社会的企業の存在意義を社会的排除の克服に求め，主要な活動分野が「対人社会サービス」と「労働統合」の2つからなると説明している。前者の対人社会サービスの供給については，たとえば，社会的排除の状態にある人びとに，福祉サービスなど何らかの社会性を有したサービスを供給することを指す。すなわち，提供されるサービスの性質に社会性を見出そうとしている。もう一方の労働統合については，社会的排除の状態にあり，就労阻害要因を抱えている人びとに対して，就労の機会を提供し，社会への再統合を図る取り組みのことを指す。

　労働統合を目的とした社会的企業（WISE：Work Integration Social Enterprise）においては，就労支援や職業訓練等のサービスを社会的排除の状態にある人びとに提供しながら，それと並行して消費者に何らかの財やサービスを

提供することが一般的である。たとえば，障害者の就労の場をつくり出しているパン屋や，ホームレス状態にある人びとの就労の場をつくり出すビッグイシュー（雑誌の販売）などの事例をとりあげた場合，提供される財はパンや雑誌であり，社会的な財というわけではない。これらを踏まえて橋本（2015）は，ここで提供される財は，一般的な企業におけるものと大差がないため，人びとの働く場の提供という側面が「社会的」であることがポイントとなっていると整理している。

　この点に関して言えば，企業の中には，障害者雇用の義務の範囲を超えて，積極的に障害者を雇い入れる経営方針をとっている企業がある。そのような場合，その企業の目的は消費者に何らかの財やサービスの供給とは別次元で，障害者の働く場を増やすという社会性を発揮していることになる。社会的排除の状態にある人びとの働く場の提供を第一の目的にするか，財やサービスの供給を主とするかという点で，この両者は区別される。つまり，欧州の社会的企業論に依拠する立場では，労働統合という範疇に入る事業組織は，就労の場をいかにつくるかを事業活動の出発点とし，また，第一義的な組織目標や使命にしているところに一般的な企業と異なる特徴を見出そうとする。

5　日本における社会的企業論の座標

5-1　日本における社会的企業の導入状況

　日本においては，欧米における2つの潮流が交差しながら，1990年代末から徐々に紹介されるようになっていった。これらの輸入された社会的企業論は，社会的企業概念と実質的に重なり合う市民組織やコミュニティ・ビジネス，事業型NPOや労働協同組合，ワーカーズコレクティブなどに関する議論とも交錯しながら，日本における社会的企業をめぐる複雑な言説状況を作り出し，公共政策にも影響を与えてきたと言えるだろう。

　伝統的な市民組織や協同組合においては，欧州の社会的企業の潮流を引き受ける形で社会的企業の日本的展開を模索しているといえる。たとえば，障害者の就労においては，イタリアの社会的協同組合を参考にしながら独自に社会的事業所制度を創設，事業展開してきた共同連をそのひとつの源流とみなすことができる（川本 2015）。社会的事業所制度は，障害者と事業所が雇用契約を結び経済的自立を促すもので，賃金体系について，障害の有無を問わず対等にしていることに特徴が見られる。滋賀県で実施されており，県と市は，運営に対

する助成金を交付している。その他，労働協同組合（ワーカーズコープ）においては，労働市場から排除される人びとの社会的包摂を民主的な組織形態とガバナンスをもとに，就労機会の創出を通して包摂していくことを第一義的な目標においた事業を展開する運動体である。

こうした欧州を志向する伝統的な事業体とは別に，「新しい公共政策」以降，アメリカ型ともいえる潮流も日本では目立つようになってきた。

5-2　新しい公共の担い手としての社会的企業

新しい公共とは，鳩山由紀夫内閣が所信表明演説において示した概念であり，「人を支えるという役割を「官」と言われる人たちだけが担うのではなく，教育や子育て，まちづくり，防犯や防災，医療や福祉などに地域で関わっておられる方々一人ひとりにも参加していただき，それを社会全体として応援しようという新しい価値観」としている。2010年以降，「新しい公共」という考え方やその展望を市民，企業，行政などに広く浸透させるとともに，これからの日本社会の目指すべき方向性やそれを実現させる制度・政策のあり方などについて議論を行うことを目的として，「新しい公共円卓会議」が開催され検討が重ねられてきた。そして，翌年，内閣府から「新しい公共支援事業の実施に関するガイドライン」が発表され，各都道府県に組成される基金の設置，運用に関する具体的な方針・方法が示された。これによると内閣府は「新しい公共」とその担い手[3]を次のように定義している。

新しい公共の担い手とは，地域の諸課題の解決のための社会的活動について，自発的，主体的に参加する市民，NPO，企業などであり，従来から公を支えてきた行政などの主体とともに公を支えていくものである。支援事業の対象は，主に人的，財政的基盤が脆弱な特定非営利活動法人，ボランティア団体，公益法人，社会福祉法人，学校法人，地縁組織，協同組合等の民間非営利組織であり，自発的，主体的に運営する組織を言う。

この中で政府は，地域の諸課題の解決のために社会的活動を行うアクターを「市民・NPO・企業など」と示している。社会的企業の明示については，「新しい公共による被災者支援活動などに関する制度のあり方」の中で，主体となる法人制度として，社会事業法人や日本型社会的企業組合，社会的事業所などを挙げ，社会的企業に関する新しい法人制度が検討事項として議論された。

5-3　社会的企業論の導入の背景

　新しい公共政策の背景には，「少子高齢化が進み，成熟期に入った日本社会では，これまでのように，政府がカネとモノをどんどんつぎ込むことで社会問題を解決することはできないし，われわれもその様な道を選ばない」との政策的意図が含意されており，「これから新しい公共によって「支え合いと活気のある社会」が出現すれば，ソーシャルキャピタルの高い，つまり，相互信頼が高く社会コストが低い，住民の幸せ度が高いコミュニティが形成されるであろう」という政策方針が提示されている。

　つまり，日本も欧米と等しく，財政危機を迎えており，福祉国家のあり方が模索される中で，政府が単独で社会保障制度の再構築に打開策を講じることはせず，多様な主体の参加，とりわけ，企業やNPOといった，市場化と地域化（市民社会への期待）を促す意図で社会的企業概念が浮上している。

　この流れは，現政権も等しく，昨今の地方分権化の促進や社会福祉政策において軸とされる積極的労働市場政策，地域包括支援システムの形成に向けた議論のように，社会保障による給付と参加を一体的に捉えた政策方針の中で，社会的企業概念が活用されている。これまで公的資金に依存してきた社会福祉法人やNPOが財源の自立性を高めていくこと，つまりは，経済的目的の達成を果たせる非営利組織，市民組織のあり方をめぐる議論の延長線上に社会的企業が位置付けられているといえよう。実践レベルでは，日本の伝統的な社会的企業と新しい公共政策で注目を集めた社会的企業概念が日本の中で交差しているものの，政策サイドとしてはアメリカ型の社会的企業モデルを強調しているものと考えられる。このように欧州モデルを志向する伝統的な社会的企業概念とアメリカ型を志向する政策サイドの社会的企業概念がせめぎ合う中で，現在の日本の社会的企業概念が位置している（図2-2）。

6　おわりに

　本章では，欧米における社会的企業論の2つの源流を辿りながら，社会的概念が導入されてきた背景や課題について整理を行い，現在の日本における社会的企業の座標軸を考察してきた。社会的企業は，社会的目的と経済的目的を達成していくための事業体のことを指し，政治的・市民的・経済的原理がせめぎ合う中で概念化が図られている。

　このように社会的企業概念が形成されていく中で，現在の日本で展開してい

図2-2 2つの異なる社会的企業概念の流入

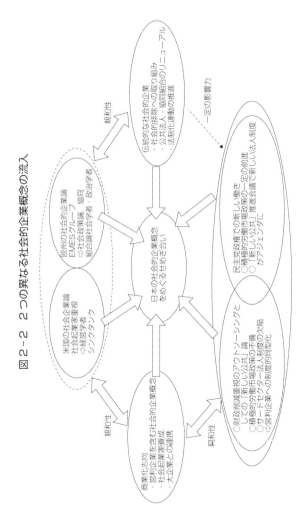

(出所) 藤井他編 (2013：50) をもとに筆者加筆。

第2章 欧米の社会的企業論の系譜と日本の導入状況 39

図2-3 財の混在化（仮）

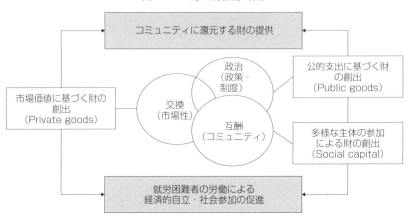

（出所）川本（2013），一部修正。

く意義はどこにあるのだろうか。たとえば，社会福祉政策の領域で考えてみれば，社会福祉基礎構造改革以降，イコールフッティングを前提とした福祉供給組織の多元化により営利と非営利の境界が曖昧化してきている。直近では，公的財源に依拠し，税制優遇を受けてきた社会福祉法人の制度改革が進められてきおり，ガバナンスの見直し，公益事業への再投資などの項目が追加され，ひいては，税制優遇の解除にまで至ることが議論されている。こうした中で，組織の持続性を高めるため，市場収益や寄付金の財源獲得に追われ，受動的に財の混在化が進められてきている。

また，「自立支援」を軸とした積極的労働市場政策や，地域包括ケアシステム，厚生労働省に設置された「我がこと丸ごと共生本部」が進める地域福祉推進政策など，政府サイドによる，市場化・地域化（住民参加を前提にしたケアシステムのあり方）が加速する中で，こうした議論に社会的企業が組み入れられることには，消極的であると言わざるをえない。

日本では法制度がないため，社会的企業の実態を捉えることは難しいが，概念的に重なりあう実践は積み重ねられている。特に日本型 WISE としては，人口流出が激しく辺境地ともいえる愛媛県愛南町の NPO 法人ハート in ハートなんぐん市場の実践（川本編著（2015）「これからの社会的企業に求められるもの」第3章，ミネルヴァ書房を参照されたい），京都府与謝野町に所在する「よさのうみ福祉会」などはその代表例であろう。

これらの実践に共通するのは，住民としてごく当たり前に地域で生活することができず，働くこともできない孤立する人びとの抱えるニーズを看過できず立ち上がった専門職や地域住民が起点となり組織化に至っている。これまで，福祉サービスの受益者であった人びとが，必要なケアを受けながら，労働を通して地域に参加することで住民として生きる権利を回復していく場であること，また，こうした労働により生産された財が，地域ニーズの充足を果たしていく機能を持った事業体が社会的企業として取り上げられることが日本での社会的企業論の道標となっていくだろう。

　こうした事業体が，より良い支援の展開や発展のために舵取りをしていく中でコミュニティを巻き込み，市場活動を行うこと，そして，政治や政府に対する責任を追求するための働きかけを通して，自然的に財の混在化が進められている（図2-3）。牧里（2015）は，社会的企業の組織化について，「社会的に排除されがちな人々（当事者）を社会参加させる機会と支援を国家や行政の公的支援のみならず，企業，民間団体を含めて市民の社会貢献を融合させた社会問題解決の事業的手法による革新運動である」と言う。

　社会的企業は，政策や組織の持続性を果たすために取るべき選択ではなく，住民として生きる権利を抑圧された人びとの必要に応じるために必要な組織化の方法として概念化していくことが求められる。

1) CRMでは，ボルヴィック社の「1ℓ for 10ℓ」が著名である。通常価格の清涼飲料水を1ℓ購入すると10ℓを途上国の水資源確保に向けられる社会的目的を大儀に掲げた販売戦略である。このCRMは，単に売り上げを寄付するといった慈善的な取り組みではなく，利益を上げることも戦略に組み込まれており，事実，ボルヴィックはこの商品の売り上げを伸ばした。
2) アメリカでは1980年代に，ヤングやスクルートらによって非営利組織の起業家・企業家精神，リーダシップのあり方が着目される中で，社会的企業研究の発展の基礎が形成され，1990年代初期から社会的企業という概念が明示的に用いられるようになった。
3) 担い手のモデルとされた事業体に病児保育を展開する「フローレンス」や社会起業家の育成を行う中間支援組織のETICなどがあげられる。フローレンスは，これまで一般の保育事業では提供することが困難であった病児保育事業を開発し横展開していった革新的な事業体である。ETICは，大手通信社のNECと協働しながら社会起業塾を開催し起業家育成の代表格になっている。

第 2 部

実務と資金

第3章

ソーシャルビジネス／コミュニティビジネスに関する基礎知識

髙橋　司

1　はじめに

　ビジネスと一言聞くと，一見営利や金銭に関わる印象を抱きやすいところであるが，Business の語源は，古代英語では Care（注意，配慮，保護，関心事）とか Anxiety（心配，不安，熱望）といった意味であったとする説がある[1]。Social Business という言葉も Social Care や Social Anxiety というように置き換えると，社会に対する配慮や心配といった意味になり，言い換えれば社会を良くするための作用や関心であると考えることもできよう。

　ソーシャルビジネス（Social Business，以下 SB）やコミュニティビジネス（Community Business，以下 CB）以外にもソーシャルイノベーションやソーシャルマネジメントなど種々の呼称があるが，これらも社会的問題に対する解決方法としての視点を表したものである。また，最近では，市場の失敗や政府の失敗とも言われる社会的問題を，ビジネス的な視点で解決するために起業するソーシャルアントレプレナー[2]または社会起業家，社会的企業やソーシャルファーム，社会的協同組合と呼ばれる存在も注目されている。

　国連では，「持続可能な開発サミット」において次の2030年までの目標となる2030アジェンダ[3]が新たに採択された。現在，先進国における市場が相対的に縮小し，途上国における MOP（Middle of the economic Pyramid）と呼ばれる中間所得層や，BOP（Base of the economic Pyramid）と呼ばれる低

所得者層に対する市場が注目されている[4]。また，昨今注目されているフェアトレード（Fair Trade，開発途上国の原料や製品を適正な価格で継続的に購入して，立場の弱い開発途上国の生産者や労働者の生活改善と自立を目指す貿易の仕組み[5]）もその一環と見ることができよう。これらからも世界的に SB の意向が強まってきたことがうかがい知れる。

本章では，社会的問題の定義を述べたうえで，SB／CB の運営主体について概観し，持続可能な SB／CB に向けた運営実践のための注意点について触れていく。

2　社会的問題とビジネス

社会的問題とは何か。この問い自体ひとつの議論となりうるが，さしあたり本稿においては，社会的問題とは，貧困や飢餓，高齢化や環境問題などの総称として扱う。先に挙げた 2030 アジェンダの中で掲げられた「持続可能な開発目標（Sustainable Development Goals；SDGs）」では，17 分野の目標が列挙されている。具体的には，①貧困に終止符を打つ，②飢餓に終止符を打ち，食料の安定確保と栄養状態の改善，③福祉の推進，④公平で質の高い教育の提供，⑤ジェンダーの平等，⑥水と衛生へのアクセスと持続可能な管理，⑦持続可能かつ近代的なエネルギーへのアクセス，⑧経済成長とディーセント・ワーク（働き甲斐のある人間らしい仕事）の推進，⑨技術革新，⑩格差の是正，⑪都市と人間の居住地の包摂的安全性の向上と持続可能性，⑫持続可能な消費と生産，⑬気候変動への緊急対策，⑭海洋と海洋資源の開発と持続可能な利用，⑮陸上生態系及び森林の持続可能な管理と利用，⑯平和で包摂的な社会の推進，⑰グローバル・パートナーシップの活性化，の 17 個の論点を掲げているが，これらはまさに世界が現在直面している社会的問題であると言えよう（傍点筆者）。

これらの社会的問題の解決は，おそらく誰もが必要なことだと理解してはいるだろうが，それでもなお SB／CB に手を出しにくい理由としては，公共的なことは行政の仕事であるというイメージが強いことが挙げられるであろう。また，他の理由として，収入に対するコスト・パフォーマンスの問題と，需要の把握の難しさ（解決したいと思っている社会的問題は何か，その対象は誰か，成果は何か），市場規模自体の小ささ（当該サービス等を必要とする者が相対的に少ないこと）も挙げられる[6]。

経済学などで言われる「市場の失敗[7]」という概念が，現在は社会的問題に

ついても同じ手法で取り沙汰されている。社会的問題については政府だけの対応では成り立たず，だからといって，市場においては経済的な対象となりにくいことから，まさに「市場の失敗」として発生してしまう。その点，社会的問題については行政とは別に，ボランティアが主体として取り組むことも多いが，行政にしても，ボランティアにしても，社会的問題に対する活動には対価がないことがほとんどであるから，そこに無償で従事してくれる有志を募る必要があり，また，活動資金などを獲得する必要もある。その有志や資金を得ることが難しいからこそ，社会的問題の解決が進みにくいという悪循環を招くことになる。

　従来社会的問題の対応が行政の役割であったことは事実であるが，行政だけでの対応では限界がある以上，今後はボランティア同様に民間としても取り組んでいく必要があろう。行政から民間に事業等を委託する事例は最近よく目にするが，SB／CB においても，行政等による独占的であったものが，民間など社会全体が担うものも増えてきており，かつ，それらが現実の問題，そして解決策のひとつとして求められているのである[8]。

3　ソーシャルビジネス／コミュニティビジネスの主体

　SB／CB を行うのに際し，複数人で活動をする場合に直面する一般的な課題として，法人格を持つかどうかを含め，法人格の取得に関する問題がある。法人格を得ることによるメリットとしては，以下のような項目[9]が挙げられる。

①団体として契約を結ぶことができる（⇔団体の代表者等が契約をしなければならない）
②団体として財産を保有することができる（⇔団体の代表者等が実質的に管理する）
③権利義務関係や団体の責任が明確になること（⇔団体の代表者等が責任等を負う）
④対外的に社会的な信頼性が高まること（⇔あくまで個人として扱われる）

3-1　社団，財団，NPO 法人の場合

　日本において，社会的問題への解決に向けた活動を行っている個人や団体は

多数ある中，実際にSB／CBを扱う団体の法人体系として多いのは，社団や財団，そして特定非営利活動法人（Non-Profit Organization，以下NPO法人）であろう。ここからは，社団法人，財団法人，NPO法人の特徴を見ていく[10]。

社団法人とは人の集まり，財団法人は財産の集まりという違いで，前者は同じ目的等を有する者（人格要件2人以上）が集まって設立するもので，財団法人は一定の財産（出資金計300万円以上）を確保する形で設立される。社団法人，財団法人はNPO法人とは違い，都道府県知事等の認証は不要で，登記することで設立は可能となる。一般に社団法人や財団法人は，「一般社団法人及び一般財団法人に関する法律」が根拠法となっている[11]。非営利以外の社団・財団は，一般の株式会社等とほぼ変わりないため，以下では，非営利型の社団・財団を前提として話を進める。

一方，NPO法人[12]は特定非営利活動促進法（以下NPO法）を根拠法として，都道府県知事等の認証の下，設立される。社団と似た性質として10人以上の社員を有していなければならないことや，名前が示すように，営利を目的としないことが挙げられる[13]。NPO法人の特徴は，情報公開が法人ならびに所轄庁共に義務付けられていることである。これは，公益性を中心に据えた本制度になじまない事業を淘汰するためでもある。毎年必ず事業報告書や計算書類（活動計算書および貸借対照表，財産目録など），年間役員名簿・社員名簿や，報酬を支払っている役員の有無[14]なども報告しなければならないし，法人も所轄庁も当該書類等はすべて閲覧できるような状況にしておかなければならない。

次に，各法人体系の税制を見ていこう。本来財団や社団は普通の株式会社などの法人と同じように課税されるものであるが，公益認定される＝公益法人になると[15]，公益目的事業であれば収益事業でも課税されず，公益目的以外の事業のうち，収益事業[16]にのみ課税される[17]。また，公益法人に寄附をした場合に寄附した者の所得控除や譲渡所得の非課税，相続税の非課税などの特典を受けたりすることができる。また，所得にかかわらず低い税率での課税を受けることができる。さらには，みなし寄附が認められること，利子にかかる源泉税は非課税になることなどの優遇がある。

NPO法人・認定NPO法人や非営利の社団・財団（以下非営利型法人）であれば，公益法人同様に収益事業のみの課税(法人税，法人事業税，法人住民税)となる[18]。非営利型法人とは，非営利性が徹底された法人か，もしくは共益的活動を目的とする法人のどちらかを言い，これらに該当すれば上記の優遇が

受けられる。NPO 法人のうち，認定 NPO 法人となれば，収益事業のみの課税に加えて，寄附金関連の優遇措置を受けることができる。

3-2　社団等以外の場合

　上記以外に，組合というものがあり，有限責任事業組合（Limited Liability Partnership，以下 LLP [19]）や，事業協同組合というものもある。前者は，「有限責任事業組合契約に係る法律」によって制定された新たな組織形態で，株式会社や合同会社のような法人には該当しない。LLP の特徴は，有限責任制，内部自治原則，そして法人格がないため構成員課税（パス・スルー課税 [20]）されることにあり，これらの特徴を活かして共同事業等でよく設立される。LLP は，出資者に配当を支払うことはできても，報酬を支払うことはできない。そのため，NPO 法人と似ている点もあり，SB／CB 事業を運営する事業主が取得する法人格として，NPO 法人同様ひとつの候補となりえよう。

　後者の事業協同組合は，LLP とは違い法人格を有する。法人格を有する組合自体は種々あるが，SB／CB に関連するものとして，たとえば，中小企業等協同組合法に基づく事業協同組合，企業組合，中小企業団体法に基づく協業組合などがある。まず，事業協同組合（事業協同組合，協同組合連合会など）は，行政庁の認可で設立でき，税法上は協同組合等として扱われ，税制優遇措置がある。他方，企業組合 [21]，協業組合は，事業協働組合とは違い，税法上は普通法人と同様に扱われる。

　次に，法人ではなく，住民等が主体の場合について考えてみよう。住民主体となって，団体を立ち上げる際，必ずしも法人格を得ているとは限らない。このような団体（任意団体）については，税法上，「人格のない社団」として扱われる。法人税法や所得税法では，「法人でない社団又は財団で代表者又は管理人の定めがあるもの」としたうえで，「収益事業を行う場合」に課税されることになっている。収益事業を行っているかどうかの判断については，その法人が主たる事業として収益事業を行うことが常態となっているかどうか（たとえば，収入金額や費用の金額等の合理的と認められる指標を総合的に勘案し，当該合理的指標による収益事業以外の事業の割合がおおむね 50％ を超えているか）により判定される [22]。SBCB を通して収益を上げようとすれば，まさに収益事業に該当する可能性が高くなるため，結果的に法人税を納めることになる。個人事業や，人格のない社団に比べると，法人格を得た場合のほうが，その信頼性などから融資を受けやすくなる傾向がある [23]。

4 運営に関わる注意点

本節では，①資金調達，②外部報告の点から，SB／CB の運営における注意点を述べる。

4-1 資金調達

　SB／CB を続けるには，事業遂行に向けた持続可能な組織基盤の強化（キャパシティ・ビルディング[24]）が必要であり，それを支えることも重要である。市場の失敗から発生した社会的問題については，政府の対応や通常の市場原理では対応が難しいからこそ，社会的問題の重要性やその解決の必要性を訴えることで，世間の心情に働きかけ，理解を求め，活動を促進し，また活動に継続的に携わらせ，資金を得ていくことが必要となる。持続可能性には，技術的なもの，社会的なもの，政治的なもの，管理的なもの，財務的なものが考えられるが，持続可能性の確保に当たり，多くの論者は，ミッションの重要性と，それに対する情熱や意欲を掲げている。社会的な矛盾への気づき，そしてそれを解決しようという目的，そして活動・計画を持続していかなければ，すべてが頓挫しかねない。しかし，どれだけ理念が素晴らしく，どれだけ熱意があったとしても，実際には，資金繰りが回らないなどの理由で計画が中途で終わるケースも多く，また，計画の実行者にとっては，資金繰りが当初の目的や意欲を凌駕するほどに大きくのしかかり，頭を悩ませることも事実である。従来の先進国同様のビジネススタイルを踏襲すれば，資金繰りに勤しむことになり，本筋となる社会的問題の解決に割く時間や労力，資金が上手くめぐらないことも多いだろう。SB／CB は概して受益者，つまりサービス等の受け手から対価等を得られないケースが多く，それらの対価はないものとして進めることが多くなるため，計画の遂行には，資金をいかにして調達し続けるかが重要となってくる。

　資金調達（ファンドレイジング：Fund Raising[25]）には，外部依存と自主確保の２つが考えられる。例として，外部依存には助成金，補助金，借入金などが，自主確保としては会費，運営費，事業収入，寄附金などが挙げられる。外部依存は，国や地方自治体の制度を利用するなどして補助金や助成金を得る方法や，単純に民間や政府系金融機関などから借りる方法，支援団体等からの借入などが挙げられる。助成金や補助金などは，受給要件を満たせばもらえるも

のが多く，もらったきりで終わることも多い．助成を受ける際には，申請書や事業計画書などを提出しなければならない．

　借入については，昨今金融機関でも社会的問題解決のための融資プランを設けるところも出てきており，通常の融資よりも利率が下がったり，融資枠が通常の融資とは別枠で設けられていたりするなど優遇されている点に特長がある[26]．とはいえ，返済計画等はきちんと立てておく必要があろう．

　最近注目を集めている寄附の仕方として，コーズリレーテッドマーケティング（Cause-Related Marketing：CRE）という寄附付商品等の販売促進キャンペーンなどもある．これは，ある商品を買うと，その分の対価や商品などを寄附するキャンペーンや商品，その手法を指している．共同募金等と連携して実施することもできるし，そうでなくても，寄附することを付け加えることで，対外的な広告となる．消費者からすれば，単なる現金等の寄附よりも手軽に，かつ，目的や使途が明確な分，反応しやすい点が利点である．

　それ以外の資金調達の手段としては，クラウドファンディング（Crowd Funding，以下 CF）や社会的責任投資などが挙げられる[27]．CF とは，不特定多数の者から資金調達する方法であるが，通常，インターネットなどを通じて不特定多数の者から出資や協力を募る方法を指す．クリエイターや起業家などが製品・サービスの開発，アイデアの実現などの目的のために，それらをインターネット等で広告し，それに対して共感を得た者がインターネット経由で資金提供する形式のものなどがある．CF の場合，いわゆる寄附の形式にとどまらず，金融型（金銭的なリターンとして配当や株式発行があるもの）や，購入型（金銭以外の物品等や権利を購入するもの）がある．

　一方，社会的責任投資については，設定した目標を達成した場合のみ行政が投資家に利子を付けて成功報酬を支払う社会インパクト債券，環境問題への対応に優れた企業に対する投資をするエコファンド，女性をターゲットにした商品やサービスを展開している企業に投資するファンドなど様々なものがある．現在は社会的責任投資から，さらに進んで，投資機会に環境，社会，ガバナンス（Environment, Social, Governance，以下 ESG）問題など非財務の要因を意思決定のプロセスにおいて考慮し，投資対象のネガティブな外部性をコントロールする責任投資（Responsible Investment：RI）も注目されている[28]．そして，これらすべてをふまえて，持続可能性を有する投資として，サステナブル投資（Sustainable Investing：SI）とも言われる[29]．

　この他にも，総務省が白書でも紹介しているシェアリングエコノミー[30]も

検討の余地があろう。シェアリングエコノミーとは,「個人等が保有する活用可能な資産等を,インターネット上のマッチングプラットフォームを介して他の個人等も利用可能とする経済活性化活動」[31] を言い,『平成28年版情報通信白書』によれば,個人が保有する遊休資産の貸し出しを仲介するサービスであり,貸主は遊休資産の活用による収入を得られ,借主は所有することなく利用ができるメリットがあるとされ,日本でも民泊やライドシェアなどで有名である[32]。アメリカではかなり発達しており,2013年時点で150億ドルの市場規模があり,2025年には3350億ドル規模にまで成長する見込みといわれている。

しかしながら,資金を仮に得られたとしても,それを単なる運転資金に回すのでは効果が薄い。マイクロファイナンスでも同様の問題が起こっているが,仮に融資を受けたとしても,それが生産性のある活動や設備投資などに対して使われず,単なる運転資金や生活資金,従前の地場産業の費用など生産性のない,または低い活動に使われると,新たな生計手段とならず,結果返済するために借金をする多重債務に陥ることもある。貧困の解決のために,単に物資の支援を行うだけでは,その場しのぎとなる可能性も高く,根本的な解決に結びつくとは限らない。一般企業が融資を受けるに際しても,運転資金としての借入か,設備投資をするための借入かで銀行自体の感情も変わってくる。この点,財務分析でよく使われる,固定比率や固定長期適合率といった指標[33] は,設備投資については自己資本や長期の借入金等で賄うべきだという考えを前提にしている。逆に言えば,運転資金等は借入に依るべきではないとみることもできる。他方,SB／CBは投資対象として,また市場としても拡大していくと予見されてはいるものの,それがきちんと回るものでなければ,資金提供を受けたり受け続けたりするのは難しい。だとすれば,資金繰りや,資金調達の持続可能性を確保することは重要ではあるが,資金自体をどのように使うのか,そして資金を得られる手段をどう増やすか,企業同様に経費等をいかに抑えるかなどについて考えることが,計画の持続可能性を図る際における重要な問題である。それこそがまさに会計的視点であり,一般企業同様に適正な会計帳簿を作成することが求められる。また,同時に,資金繰りとしてのキャッシュ・フローの分析(営業活動によるもの,財務活動によるもの,投資活動によるもの)も重要である。いかに限られたヒト・モノ・カネ・情報を有効に活用するか,すべての事業関係者が考えなければならないものだと思われる。

4-2　外部報告

　資金の使い道や人員について確保できたとしても，その使途等を寄附者や出資者に対して，説明することが求められる。出資はもちろんのこと，たとえ寄附や対価であっても，資金を提供する者にとって，自分の提供した資金がどのように使われているか，知る権利を有している。出資や寄附を受け，そして受け続けるには，ミッションの重要性や，ミッション自体の共有を従事者だけでなく投資家等にも理解してもらうことが必要不可欠なのは論をまたない。SB／CBについては，一般企業よりも，より適正に，自分たちの事業や資金の使い道などについての説明責任が発生し，かつ厳格に情報開示が行われなければならないと考える。SB／CBにおいて，第三者から寄附や出資を募ろうとするのであれば，投資家保護や債権者保護の観点からも，上場企業同様情報開示を義務付けることは当然に想定されるのであって，NPO法人が都道府県に毎年事業報告をしなければならないことも，その趣旨等に鑑みれば当然である。SB／CBでは，単に事業活動や資金繰りだけに目が行きがちではあるが，投資対象としての注目度が増すということは，ひいては説明責任を果たすことも求められるということを念頭に置いておかねばならないであろう。

　事業運営をしていく中で，年間の収支等を計算して決算としてまとめ，国や地方自治体，そしてステークホルダー[34]に各々説明する必要がある。まず，国や地方自治体については，収益事業を行っていれば当然に納税義務が生じてくるため，税務申告をしなければならない。また，設立の際に許可や認可等を受けた地方自治体に事業報告として，財産目録や活動報告書などを提出しなければならない。納税が発生するなら，きちんと納付もしなければならない。また，金融機関等から借入をしているなら，借入先にも報告をしていくことが必要であろう。出資者がいれば，当然説明する義務が生じる。特に，配当等をする場合は，いくらの利益が出て，いくら配当するのかなど詳細な説明がさらに求められる。また，年間の活動をまとめる中で，自分たちの活動がどのようになっているか，従事者としても知りたくなるものであるから，内部的にもそれらが報告できるようにしておく必要がある。財務分析を行い，自分たちの団体がどのような状態にあるのか，年々どのように推移しているのか，など活動の是非や合理性なども検証していくことが必要とされる。SB／CBが，投資対象としての注目度が増している現状を鑑みると，内外に限らず説明責任が要求されることを前提に運営していくことが肝要である。

5 おわりに

SB／CBにおいて，どのような主体で，どのような運営を行うか述べてきたが，運営にあたっては経営学的な視点と会計学的な視点の両方が必要である。

まず，経営学的視点である。運営から資金調達，そして報告に至る中で，具体的な活動を実行するために，いわゆるPDCA（Plan-Do-Check-Act）サイクルを回すことになる。事業の目的や事業の内容，マーケティングの方法や資源の配分方法，売上・費用・利益の予測，資金繰りの方法などを具体的に記載し，目で見える形にしていく事業計画を作成し，その計画に沿って実行できているかを，一定のペース（毎月，四半期，毎年など）で見直し，計画の修正や改善等を行っていかなければならない。

次に，会計学的な視点である。ビジネスとして成り立たせるためには，簿記会計や財務分析，キャッシュ・フローの把握が必要不可欠であり，さらには原価計算や管理会計（意思決定会計・業績管理会計）も理解しておくことが必要であろう。特に，原価計算や管理会計は，医療福祉分野においては養成課程でほとんど教育を受けることができない手法である。人材で成り立つこれらの業界においては，サービス原価を計算すべく活動基準原価計算（Activity Based Costing：ABC）やバランスト・スコアカード（Balanced Score Card：BSC[35]）による分析，損益分岐点分析なども取り入れられていくべきであろう。たとえば，介護福祉の分野に目を向けてみても，措置から契約に変わったものの，従来の措置の制度下での経営に慣れてしまって，補助金や寄附金，公的助成などに依存する経営体制では立ち行かなくなってきている。それを打破するためにも，通常の営利法人等と同じく経営に関する視点は欠かすことができないのである。

ビジネスを語るうえで，経営学的な視点，会計学的な視点は欠かすことができないものであるが，これらの視点は社会的問題への解決については，あまり表沙汰にされることは少なかったように思われる。そこには，経営的・会計的な，換言すればビジネスとしての営利性などを社会的問題の解決に結びつけること自体がタブーのように扱われてきたからでもあろう。しかしながら，地域レベルから世界レベルまで，社会的問題に対して解決を図るSB／CBにおいては，経営的・会計的な面を重視しながら，モチベーションを確保しつつ，ビジネスとしての持続可能性を確保することが喫緊の課題である。行政から民間

への移行も，助成金等の給付，金融機関によるSB／CBへの融資の拡大など種々の実情からも，いかに持続的な社会的問題の解決を図れるかが問われていることがわかるであろう。

1) Chambers, "Dictionary of Etymology", 1988.
2) ソーシャルアントレプレナーシップについては，特に本書の三浦論考（第5章）を参照のこと。
3) http://www.unic.or.jp/activities/economic_social_development/sustainable_development/2030agenda/
4) BOPビジネスの定義については，BOPビジネス支援センターHPを参照のこと。(https://www.bop.go.jp/)
5) 特定NPO法人フェアトレード・ラベル・ジャパンHP参照のこと。(http://www.fairtrade-jp.org/)
6) この点については，広石拓司連載「ソーシャルビジネスが拓く新しい働き方と市場」日経Bizアカデミー全8回（2012.12〜2013.2）を参照のこと。(http://bizacademy.nikkei.co.jp/career/social/)
7) 経済学上は，現実の競争経済において，市場機構だけでは資源配分の効率性を達成できない場合があり，そこから生じる問題のことを市場の失敗（market failure）という。具体的には，独占あるいは寡占などの不完全競争や，公共財，外部性，不確実性などが要因として挙げられる。
8) この点については，本書の里見論考（第6章）を参照のこと。
9) 括弧書きの中身は，法人格を得ない場合の対応を示している。
10) これら以外に，「ソーシャルビジネス研究会報告書」（経済産業省 2008）で組織形態のひとつとして中間法人というものが挙げられている。過去，中間法人法という法律があり，当該法によって制定された利益分配不可の法人や，当該法とは別に営利目的や公益目的のない法人を指して中間法人と言った。しかし，2008年に中間法人法が廃止され一般社団法人に移行した。
11) この点，医療法人は医療法が根拠法になり，社団も財団もありえる点が特徴である。
12) 一般にNPOという場合は，非営利活動を行う団体（法人格の有無を問わず）を総称して言うこととされ，NPO法に基づいて設立された法人（つまり，法人格有り）をNPO法人と言うと解釈されている（内閣府）。
13) NPO法人の活動は，医療福祉増進やまちづくり推進など20分野に限定されている。
14) NPO法上，所属役員は原則無償であるとされているため，報酬を出す役員は役員総数の3分の1以下に限定されている。

15) 公益法人になるには，一般の法人として設立したうえで，認定基準を満たし，国の公益認定等委員会や都道府県の合議制機関における判断を受ける必要がある。
16) 収益事業について，法人税法上 34 種の事業が列挙されており，この事業を継続して事業場を設けて営む場合に，収益事業に当たるとされている。事業の中身として，販売業や貸付業，製造業，医療保健業，無体財産権提供業，労働者派遣業などが挙げられている。
17) 内閣府 HP 参照（http://www.cao.go.jp/others/koeki_npo/koeki_npo_zeisei.html）。
18) なお，NPO 法人であっても，都道府県民税・市町村民税の均等割の課税は免れない。ただし，収益事業等を行っていない場合には，都道府県や市町村によっては，減免申請をすることで減免されることはある。
19) 似た用語として，LLC（Limited Liability Company）があるが，これは日本の合同会社と同種である。
20) 構成員課税とは，LLP 自体には法人税等は課税されず，LLP から出資者に利益配当等が行われた場合に，その配当について出資者自身に課税をすることを言う。また，出資者が法人であれば，仮に LLP が赤字となった場合に損益通算ができる。なお，先述した LLC では，合同会社であるため，法人課税がされ，構成員課税は行われない。
21) 協業組合は中小事業者に限定されるのに対し，企業組合は主婦や学生等も組合員となることができる点で異なる。
22) 実際に収益事業を行っているかは最終的には課税庁の判断に依ることになる。
23) 一方で，一般にデメリットと思われているものに，①毎年の計算書類等の報告義務があること，②残余財産が個人には原則戻らないこと，③課税対象として捕捉されやすくなること，④事務処理や意思決定が煩雑になること，の 4 項目が挙げられる。これらは，社団法人・財団法人等に限らず，一般の株式会社でも当てはまることであるが，これらの点は法人の設立や法人成りする際にはふまえておく必要があろう。
24) 公益財団法人日本女性学習財団 HP 一部抜粋。キャパシティ・ビルディング（Capacity Building）とは，「組織的な能力・基礎体力を形成・向上・構築していくこと」と定義されている。アメリカの非営利組織では，キャパシティ・ビルディングの構成要素として，①リーダーシップ力，②適応力，③マネジメント力，④技術力，を挙げている。これらは SB／CB にとってはあまり論じられることはなかった点だが，まさに必要不可欠な要素であろう。マネジメント力の重要性については，本書の齊藤らの論考（第 7 章）を参照のこと。
25) ファンドレイジングや共同募金については，本書の増子論考（第 4 章）を

26) たとえば，日本政策金融公庫では，SB 向けに，支援グループを新設し，独自の融資を行っている。融資実績は年々増加傾向にあるようで，平成 28 年度で SB 関連融資の実績が 717 億円，9644 件あったと報告されている。
27) Global Sustainable Investment Alliance が 2015 年 2 月 24 日に公表した「Global Sustainable Investment Review 2014」において，社会的責任投資は 21.4 兆ドルの規模があるとされ，インパクト投資が 1090 億ドル，マイクロファイナンスは 116 億ドルの規模といわれており，これらは今後も拡大を続けていくものと考えられている。
28) ESG に配慮する企業を重視，選別して行う投資を ESG 投資という。この選定には，ESG 評価の高い企業を投資対象に組み込むポジティブ・スクリーニングと，逆に反社会的活動に関わっていたり，環境破壊等につながっていたりする企業を投資対象から外すネガティブ・スクリーニングという手法で行われる。最近では，SRI 投資というより ESG 投資の方がよく使われる傾向にあり，国連も企業への投資は ESG の視点を重視すべきだと提唱しており，日本でも年金積立金管理運用独立行政法人（Government Pension Investment Fund：GPIF）が国内株式を対象にした ESG 指数を公募するなどしている。
29) サステナブル投資の定義について，たとえば UBS 銀行ウェルス・マネジメント（https：//www.ubs.com/content/dam/static/jp/wm/perspectives/vol14/p1.html）参照のこと。
30) 総務省 HP 参照。(http：//www.soumu.go.jp/johotsusintokei/whitepaper/ja/h27/html/nc242110.html)
31) 総務省「平成 29 年版情報通信白書」
32) 米国では，2013 年時点で 150 億ドルの市場規模があり，2025 年には 3350 億ドル規模にまで成長する見込みといわれている。
33) 固定比率とは，貸借対照表上の自己資本に対する固定資産の割合を言い，長期的な安全性を見る指標である。固定長期適合率は，自己資本と固定負債の合計に対する固定資産の割合を意味し，固定比率の補助的な指標として用いられる。固定比率も固定長期適合率も，いずれも 100% を下回れば，当該法人は長期的な安全性が高いと判断される。
34) ステークホルダーとの関係性については本書の佐藤論考（第 10 章）を参照のこと。
35) 4 つの視点（財務，顧客，営業プロセス，学習と成長）で戦略やビジョンを分類し，企業実績を評価する方法。

第4章
地域福祉のファンドレイジング

増子　正

1　はじめに

　日本では，1960年代に「福祉六法」（生活保護法，児童福祉法，身体障害者福祉法，知的障害者福祉法，老人福祉法，母子及び寡婦福祉法）と国民皆保険，国民皆年金が整備され「福祉国家」として歩みはじめて今日に至っている。これらフォーマルな福祉サービスでは対象者ごとに課題解決のための援助を行うことになっているが，日常生活上の課題を抱える人の中には法制度の狭間にあって公的なサービスが受けられないケースや，様々な要因が複雑に絡み合っているためにひとつの公的サービスだけでは課題の解決に至らないケースも存在している。妻鹿（2010）は，日本の社会福祉制度は，家族関係や雇用関係，支え合いが機能する地域関係が生活上のリスクをカバーする社会を前提として，家族や会社や地域が対応できない部分だけを制度で対応するという当時の社会的背景の中で形づくられたことを考えると，現代社会においてはその前提条件が揺らぎ始めていて，様々な生活課題が生まれてきていることを指摘している。
　今日の私たちの生活空間には，生活困窮など複合的な生活課題を抱える世帯の増加，少子・高齢化の進展等に伴い，家庭や地域における生活課題が多様化・複雑化している。コミュニティの希薄化などによる高齢者の孤立問題や，公的サービスの対象にはならない日常の生活支援の問題，大規模災害時の要援護者への対応や減災等への対応には公的サービスだけでは解決できないことも多く，

それらの課題解決のために多様な住民組織やNPOなどが様々な地域での福祉活動やコミュニティビジネス[1]などに取り組んでいる。

　地域福祉とは，地域において人びとが安心して暮らせるように，地域住民や公私の社会福祉関係者が相互に協力して地域社会の福祉課題の解決に取り組むことであり，社会福祉基礎構造改革の一環で2000年に改正された社会福祉法の第1条の目的に「地域福祉」という言葉が明文化されている。同法第4条には，「地域福祉の推進」が掲げられ，福祉の担い手を行政や福祉サービスを提供する事業者などに限定せず，広く住民組織やボランティア団体，NPOなどであることが示されたことは画期的なことである。日常生活圏での福祉課題解決を目的として活動する住民組織やNPOなどの団体の活動をどのように支援していくかがこれからの地域福祉を高めるうえで重要である。一方で，「法制度の狭間」にある者や地域が抱える課題を解決するための住民組織や市民団体が行うインフォーマルな地域福祉活動の活動資金は担保されていないという大きな矛盾もはらんでいる[2]。

　これまで，日本における福祉に関する研究は，社会福祉が措置制度の下でサービスが提供されてきた経緯もあり，ソーシャルワークの技法などに関するものがほとんどで，地域の福祉課題を解決する活動を支えるための資金調達の分野は軽視されがちであった。「福祉は無償」，「福祉活動はボランティア」という固定概念が一人歩きして，活動には資金が必要であり，財政基盤を強化しなければそれらの組織の社会的使命を達成できないということが十分に理解されてこなかった傾向も否めない。特に顔の見える支え合いの活動を目的とする地域福祉活動に関しては，活動を行う組織の多くは規模自体が小さく活動資金を調達することが難しい状況にあることを石田（2010）も指摘しているところであり，国土交通省（2005）もNPOによるボランティア活動の支援方策に資金調達の重要性をあげている[3]。

　地域の多様な団体が継続的に社会課題を解決するためのコミュニティワークの技法とならんで活動を行うための財源確保の仕組みづくりが今日の地域福祉の課題であることから，本章では地域福祉活動を支える組織のファンドレイジングについて考察し，諸外国の事例も参考にしながら地域福祉活動におけるファンドレイジングのサイクルモデルの体系化を試みる。

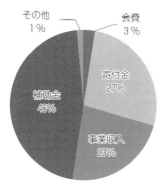

図4-1 NPOの収入構造

（出所）「平成26年度特定非営利活動法人及び市民の社会貢献に関する実態調査 報告書」（内閣府）を基に作成。

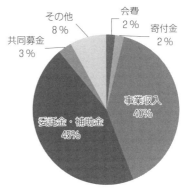

図4-2 市町村社会福祉協議会の収入構造

（出所）「平成17年度社会福祉協議会基本調査結果」全国社会福祉協議会地域福祉推進委員会（2006）を基に作成。

2 地域福祉活動の財源

　地域福祉に関する活動を行っている社会福祉協議会やNPOが実践する地域福祉活動のプロセスは，①地域の課題を発見，②課題解決のための計画づくり，③課題を解決するための活動の実施で構成されている。活動にかかる財源の多くはNPOの場合は寄付金が27％を占めていることが特徴であり，組織の活動に共感する市民や団体から寄付として資金を集めていることがわかる（図4-1）。これに対して，社会福祉協議会の場合の活動の資金の45％が自治体からの補助金や委託金で占められているが，会費や寄付金の占める割合は2％にすぎない（図4-2）。言い換えると社会福祉協議会の場合は，自治体などからの経済的支援がなければ十分な社会課題解決の使命を果たせないことも示唆している。

　特にインフォーマルな地域福祉活動を支援するための自治体からの補助金は減少傾向がみられ，榊原（2016）も，「小地域福祉活動の変化と現状」で，地域福祉活動の推進のために地域福祉推進基礎組織に対してどのような財源が配分されているかを調査した中で，「自治体からの補助金」，「自治体からの委託事業」は減少していることをあげていることからも，地域福祉活動を支えるため

の財源を確保することが地域福祉の推進に欠くことのできない大きな課題でもある。久津摩（2016）[4]は，貧困対策や災害援助などの支援を行う国際支援団体における社会課題解決のプロセスでは，課題解決のための手法や計画づくりと併せて活動のための資金調達の計画と実行がセットで行われているが，日本における地域福祉活動のプロセスにおいては資金調達の分野が軽視されがちであることを指摘しているように，これまでは「福祉」に「お金」はタブー視されてきた傾向があり，自治体からの財源だけでは対応しきれない「制度にないニーズ」への対応に弱いという側面があった。

全国的に地方自治体の多くは財政難に直面している[5]ため，地域福祉の活動に取り組む組織に配分される資金も減少することも予測されるだけに，社会福祉協議会や福祉団体の事業を行政からの委託金や補助金だけに頼るのではなく，民間の財源も活用しつつ社会課題を解決するシステムにパラダイムを転換することが求められているのではないだろうか。

3　コミュニティファンドとしての共同募金のファンドレイジング

ファンドレイジングとは，NPOなどが活動するための資金を個人や法人，政府などから集める行為であるが，まだ日本では聞きなれない言葉かもしれない。ロッソ（Rosso 2011）は，ファンドレイジングとは，フィランソロピー（社会貢献）と，その発展のための寄付を得る計画的および戦略的活動であり，ケリー（Kelly 1998）は，ファンドレイジングの目的は，資金を調達する行為ではなく，NPOが目的を共有する市民と一緒に活動しつつ，その自立性の維持を助けるための行為であるとしていることなどから，ファンドレイジングの目的は，集めた資金を使って社会課題を解決するところにあると考えるべきである。渡辺（2016）は，ファンドレイジング（Fundraising）は一般的に，NPO（民間非営利団体：Non-Profit-Organization）が活動のための資金を個人，法人，政府などから集める行為の総称として捉えられているが，単なる資金集めを指すのではなく，そのNPOが行う社会的課題解決に向けた活動に対する理解と共感を促すコミュニケーション手段でもあると述べているように，ファンドレイジングは「単なる資金集めの手段ではなく，社会を変えていく手段」として捉えなおす必要がある。

日本においても寄付総額の推移は着実な伸びをみせていて，寄付の文化が根付き始めていることがわかる（図4-3）。市民は，その使い方が明確で，活動

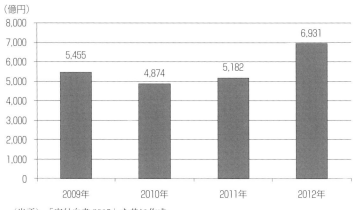

図4-3 日本の寄付総額の推移

(出所)「寄付白書2015」を基に作成。

の趣旨や目的に賛同・共感して寄付していることから寄付や募金をNPOやボランティア活動団体にとってのミッションを遂行するうえでの重要なファンドとして位置づけることができる(表4-1)。

　日本で,地域福祉活動の財源として重要な役割を担っているのが共同募金である。共同募金は,社会福祉法第112条で地域福祉の推進を図るため,その寄付金を社会福祉事業,更生保護事業その他の社会福祉を目的とする事業を経営する者に配分することを目的とすることが明記されていることからも地域福祉活動を支える財源になっていることがわかる。先述した福祉六法などのように,法律で規定されている福祉サービスは法的根拠に基づいているためその財源が租税により担保されているが,地域福祉に関するサービスは法的に定めがないためその財源は担保されていない。地域福祉に関する活動の代表例をあげると,市町村社会福祉協議会が中心になり全国的に実施している小地域ネットワークサービス[6]があり,その財源となっているのが共同募金であることからも共同募金は,「地域福祉を支えるコミュニティファンド」として位置づけることができる(図4-4)。

　黒木(1958)によると,日本の共同募金は敗戦後の民間の福祉事業に行政が資金提供できない公私分離政策への対策として,戦後間もない1947年に厚生省の主導で始まっている。その取り組みは,社会福祉事業法のもと,民間の社会福祉の推進に向けて,公的施策の整っていない福祉施設の復旧支援に始まり,高度経済成長期には高齢者や障害者福祉の支援にも配分の枠を広げ,日本の社

表4-1 寄付先を選ぶ際に重視されること

	2009年	2010年
寄付金の使い道が明確である	55.0	51.5
活動の趣旨や目的に賛同・共感できる	56.7	47.8
寄付の仕方が簡単	29.7	25.4
信頼できるスタッフがいる	15.5	17.4
団体の知名度がある		16.5
団体や活動に関する情報が多い		15.3
多くの人が寄付をしている	13.4	11.2
報道などで社会的評価がなされている	12.3	10.2
経営基盤がしっかりしている	8.4	7.9
領収書が発行されること	3.1	3.7
税の優遇措置が受けられること	2.0	1.7
寄付者の名前が公表されること	1.1	0.9
著名人が関わっていること	0.8	1.0
寄付者に関する特典があること	0.6	0.7
その他	0.3	3.6

(出所)「寄付白書2015」を基に作成。

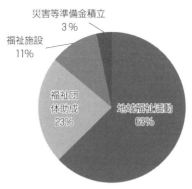

図4-4 平成27年度共同募金助成内訳

(出所) 中央募金会「はねっと」を基に作成。

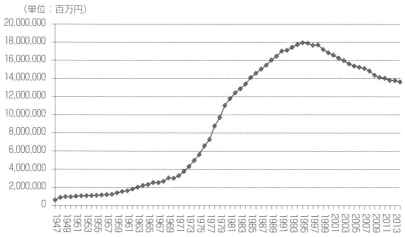

図4-5 日本の共同募金額の推移

(出所) 中央募金会「はねっと」を基に作成。

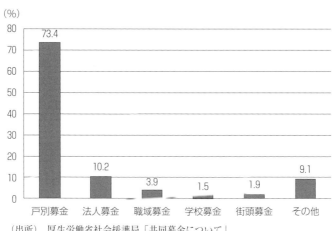

図4-6 共同募金の実施方法

(出所) 厚生労働省社会援護局「共同募金について」

会福祉水準の向上を支えてきたといっても過言ではない。

しかしながら，日本における募金額は1995年をピークに毎年3〜4％減少の一途をたどっている（図4-5）。これからの地域福祉活動を支える財源として共同募金の募金額を安定的に確保することは，地域福祉の推進に欠くことので

きない重要な課題である。石田（2012）は，ここ10年間ほどにおいて共同募金が取り扱う地域福祉の需要が拡大しているにもかかわらず募金額が減少している要因として，募金がどのように使われているのかが寄付者に伝わっていないことによる公開性や透明性の問題，募金ボランティアが家庭を訪問して募金を募る戸別募金への依存も課題として指摘できることからも，さらなる改革が求められているところである（図4-5，図4-6）。

4　諸外国の共同募金

中央募金会（2003）によると，日本以外にも世界42か国が共同募金に取り組んでいる。そのなかで著しい募金額の伸びをみせているのが韓国であり，2013年時点での募金額が対2003年比で4倍の伸びを示している（図4-7）。韓国における共同募金額の推移は，日本とは異なり，募金額が増加し続けている特徴があるにもかかわらず，韓国の共同募金のシステムに関する先行研究はきわめて少ないため，韓国の共同募金のシステムとファンドレイジングのあり方について考察する。

山田（2008）は，経済協力開発機構（OECD）の加盟国を対象とし，各国民一人あたりの寄付水準に対する経済情勢，経済格差の程度，税と社会保険の負担等の影響を検討している。その結果，山田は，一人あたりのGDPと寄付水準

図4-7　韓国の共同募金額の推移

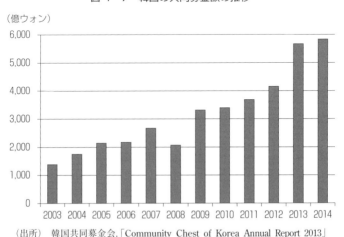

（出所）　韓国共同募金会．「Community Chest of Korea Annual Report 2013」を基に作成。

表4-2 共同募金の使い道の認識

上段：件数

	知っている	ある程度知っている	よく分からない	わからない	合計
10歳代	1	5	5	2	13
	7.7%	38.5%	38.5%	15.4%	100.0%
20歳代	1	10	26	14	51
	2.0%	19.6%	51.0%	27.5%	100.0%
30歳代	2	13	13	9	37
	5.4%	35.1%	35.1%	24.3%	100.0%
40歳代	10	19	18	7	54
	18.5%	35.2%	33.3%	13.0%	100.0%
50歳代	13	17	11	4	45
	28.9%	37.8%	24.4%	8.9%	100.0%
60歳代	16	23	13	6	58
	27.6%	39.7%	22.4%	10.3%	100.0%
70歳代	21	20	8	4	53
	39.6%	37.7%	15.1%	7.5%	100.0%
80歳代	9	3	3	1	16
	56.3%	18.8%	18.8%	6.3%	100.0%
合計	73	110	97	47	327
	22.3%	33.6%	29.7%	14.4%	100.0%

$x^2(df) = 68.10(21), p<.05$

（出所）　増子「地域福祉を支える共同募金改革への市民意識に関する研究」2013を基に作成。

間の相関は低い（r＝0.27程度）一方で，個人の寄付水準は社会保証料の負担とマイナスの相関（r＝−0.55程度）を示すこと，また，経済格差が大きい国ほど寄付水準が高いこと（r＝0.35）を示すことを報告した。これらの結果は，経済状況よりも社会システムのほうが強く寄付行動と関連することを示唆している[1]。

2000年から2014年までの韓国の共同募金額の推移と名目GDPの推移をみると共同募金額，名目GDPともに一定の成長を示していることがわかる。一方で，1980年から2012年までの日本の共同募金額の推移と名目GDPの推移は，共同募金額は1995年まで増加を続けていたが，1995年をピークに継続的な低下を示し，名目GDPは2000年以降2007年までは増加，2009年以降成長の程度が緩やかになりほぼ横ばいの推移を示しているものの募金額は減少し続けている（図4-7，4-8，4-9）。

図4-8 日本の共同募金額と名目GDPの推移

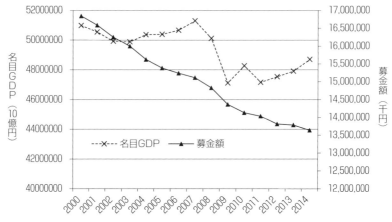

(出所) 中央共同募金会データベース「はねっと」を基に作成。

図4-9 韓国の共同募金額と名目GDPの推移

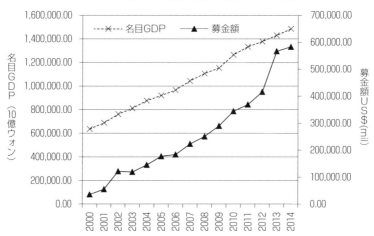

(出所) 韓国共同募金会,「Community Chest of Korea Annual Report 2013」,「世界の経済ネタ帳」を基に作成。

韓国における共同募金の使い道[8]をみると,地域社会が39.6%,児童・青少年24.9%,高齢者11.3%の順になっている(図4-10)。

韓国の共同募金は,チャン(2001)によると1969年「社会福祉事業法」の制定によって導入され,1970年代以降,共同募金の必要性と制度化についての

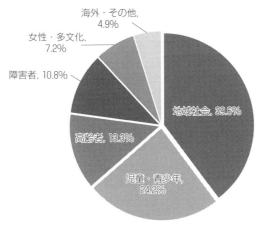

図4-10 韓国の共同募金の使い道

（出所） 韓国共同募金会,「Community Chest of Korea Annual Report 2013」を基に作成。

議論が続く中，1975年に政府主導の「恵まれない住民の助け合い募金」が始まり，集められた募金は社会福祉事業基金として位置づけられた。1980年「社会福祉事業基金法」の制定とともに，社会福祉基金管理委員会が設置され，民間助成の募金と配分が実施されたが，国民の募金によって拡充された社会福祉事業基金の管理・運営が政府主導で行われ，基金の配分の不透明性や広報不足によって，一旦は失敗に終わっている。その後，社会福祉事業基金法の改正や再び民間主導の共同募金制度の導入が求められ，1997年3月に「社会福祉共同募金法」の制定により1998年に施行され共同募金を通して社会福祉に対する国民の理解および参加を呼びかけるとともに，国民自らの寄付金によって助成された財源を効率的かつ公正に管理・運用することで社会福祉の推進を図ることを目的（韓国社会福祉共同募金法第1条）として，国内16の地域に地方共同募金会を設置するとともに韓国中央共同募金会が設立されている。同年12月には最初の「年末集中募金」が行われ，翌年2月に配分事業が実施されている。

1999年4月，「社会福祉共同募金会法」の改正により，地方共同募金会は16地域の特別市，広域市，道に支部募金会として位置づけられた。韓国社会福祉共同募金会法第5条による主な事業内容は，①社会福祉共同募金事業，②共同募金財源の配分，③共同募金財源の運用・管理，④社会福祉共同募金に関する調査・研究・広報・教育訓練，⑤社会福祉共同募金支部会の運営，⑥社会福祉

共同募金に関連する国際交流及び協力推進事業，⑦他の寄付金品の募集者との協力事業，⑧その他，募金会の目的に沿った事業を展開している。

次に，増子（2017）の調査[9]から，韓国における共同募金システムの特徴と募金額が増加を続けている要因を整理する。

4-1　組織・職員数・運営費

韓国共同募金会は，1998年に設立され1999年の社会福祉共同募金会法改正後に発展してきた。中央会および募金会直結の17か所の市・同支部で構成されている。職員数は支部を含めて300人（2014年9月時点）で共同募金事業の専従職員である。また，採用要件ではないが80％以上が社会福祉士の有資格者であり，各種福祉団体に対する配分・評価を行うための専門職として社会福祉士が職員として登用されている。運営費に関しては定款で，前年度募金額の10％を運営費に，5％を人件費に計上している。

4-2　主な事業内容

共同募金事業，共同募金財源の配分，共同募金財源の運用および管理，共同募金に関する調査研究，共同募金関連の国際交流および協力事業の推進などである。

4-3　募金事業のマネジメント

募金事業のマネジメントに関しては，募金戦略の作成から評価に至るまでのPDCAサイクルが確立している（図4-11）。

特に寄付者の管理には，次のような独自のプログラム運営がなされている点で特徴がみられた。

①企業寄付のためのマッチングサービス提供

寄付した企業ごとに，企業社会貢献報告書を作成するとともに，寄付コンサルティングを実施して寄付企業との関係づくりを形成している。

②個人寄付者へのサービス提供

2011年から少額寄付者に対しても寄付した分野，金額などをホームページで公開するとともに寄付者にメール配信をしている。

③配分事業のマネジメント

配分金が確実に活かされるように配分を受けた組織に対して当該事業が終了するまでに2回の評価を実施するとともに事業の遂行に関する助言などのスー

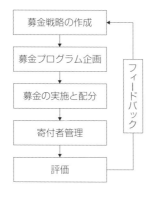
図4-11 募金事業のマネジメント

図4-12 配分事業のマネジメント

パーバイズがなされている（図4-12）。

配分事業のプロセスにも次のような独自の工夫がなされている。

④配分申請のオンライン化

配分の申請，審査，評価をすべてオンライン化して申請手続き等の煩雑さを解消する配慮がなされている。

⑤募金会と保健福祉部の情報連携システムの構築

行政業務が効率化しているとともに，配分申請及び結果処理が早くなり，寄付者の満足度が向上している。

4-4 募金額確保のためのプログラム

「Community Chest of Korea Annual Report 2013」によると，韓国における共同募金額を支えているのが企業募金の存在であり，企業募金が募金額の半数以上を占めている。

これら企業募金の大部分は，大手企業10社から1000億ウォンの寄付が集められていて企業募金総額の30%を占めている。一方で個人募金も増えていて2013年度以降の募金増加額増加の要因になっている。前年度の募金総額に占める個人募金は30%であったが2013年度には47%まで増加している。

以上のように韓国の共同募金額が増加し続けている背景にはファンドレイジングの確立されたマネジメント体制が整っていることが示唆される。

5　結　論

　地域福祉活動を支える財源確保のためのファンドレイジングのあり方を，韓国の共同募金のマネジメントシステムから体系化する。

　徳永（2016）は，寄付者にとって寄付をすることは，自分自身が社会のニーズに直接応えることができない場合でも，確実に行動してくれる誰かに思いとお金を託す未来への投資であると述べている。鵜尾（2009）も，ファンドレイジングを「単なる資金集めの手段」ではなく，「社会を変えていく手段」として捉えなおす必要があるとしていることからも，地域の福祉活動を行う組織におけるファンドレイジングの原則を，「地域の福祉課題を解決するための手段」として捉えるべきである。寄付や募金を活動資金を集める手段として捉えるのではなく，福祉課題を解決するための手段であると捉えなおすことであり，地域の福祉課題の解決策への社会の共感の形に育てることがこれからの課題である。

　そのためには，地域の福祉課題を解決するためのファンドレイジングのサイ

図4-13　地域福祉活動におけるファンドレイジングのサイクルモデル

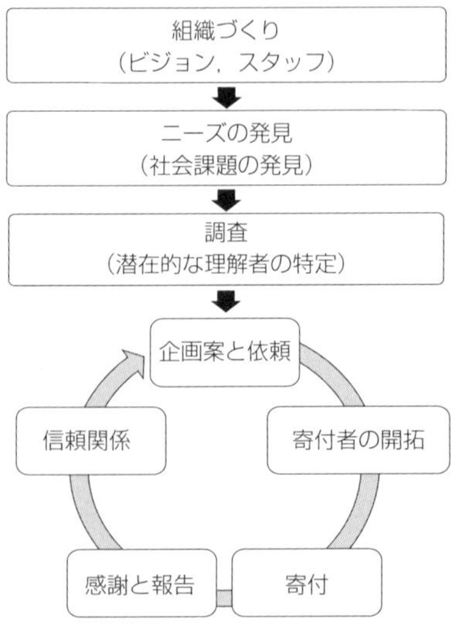

組織づくり
（ビジョン，スタッフ）
↓
ニーズの発見
（社会課題の発見）
↓
調査
（潜在的な理解者の特定）
↓
企画案と依頼 → 寄付者の開拓 → 寄付 → 感謝と報告 → 信頼関係 → （企画案と依頼へ戻る）

クルを体系化することが不可欠であり，韓国の共同募金システムからそのプロセスを整理すると，①組織づくり，②地域の福祉課題を発見して，③課題解決の目的の共感者を募り，④結果の報告と感謝を循環させるというサイクルモデルをつくることができる（図4-13）。

　社会福祉協議会を筆頭に，NPOやボランティア団体，町内会や住民組織など，さまざまな組織が地域の福祉課題解決に取り組んでいるが，組織の規模にかかわらず，組織のマネジメントのひとつにファンドレイジングを位置づけることが，インフォーマルな地域福祉活動を行う組織が抱えている活動資金不足という課題に対応するひとつの解決策であろう。

1) 経済産業省関東経済産業局は，コミュニティビジネスを，地域資源を活かしながら地域課題の解決を「ビジネス」の手法で取り組むものとしている。
2) 増子（2013）は，社会福祉法の改正で，「地域福祉の推進」が社会福祉の理念に加えられたものの，地域福祉を支えるためのNPOやボランティア組織の活動の財政面での裏付けがなされていない点を指摘している。
3) NPOは，その活動資金の多くを行政からの委託費や補助金，企業や財団からの助成金等から調達するケースが多く，それらは事業の内容や性格によってはその継続性に関して必ずしも保障されているとは限らないというデメリットも存在することから，委託費や補助金の調達に加えて寄付や会費，事業収入などのいわゆる「自主財源」をよりいっそう確保することが肝要であるとしている。
4) 平成29年東北学院大学CSWスキルアッププログラム「資金の調達と運用Ⅰ・Ⅱ」公開授業の配布資料。
5) ISFJ政策フォーラム2009発表論文 12th-13th Dec. 2009からも国も地方自治体も巨額の借金が累積し，財政的に非常に厳しい状態が続いていることを指摘している。
6) 全国社会福祉協議会は，小地域を単位として要援護者一人ひとりに近隣の人びとが見守り活動や援助活動を展開するものとしている。
7) 山田（2008）の分析は，国家間比較（横断比較）であり，時系列的な視点での検討はなされていないため，社会システムはそれぞれの国の特徴であることを考慮すると，各国の縦断的なデータでの検討が必要である。
8) 使い道の統計の取り方が日本とは異なる点に注意が必要である。
9) 第1回目を2014年9月1日から5日，第2回目を2015年2月22日から24日に韓国共同募金会でヒアリング調査を実施した。

第3部

ケーススタディ

第5章

被災地が育むソーシャルアントレプレナーシップ

三浦　修

1　はじめに

　災害は，平時から社会が抱えている問題を顕在化する。たとえば，自然環境破壊の問題や経済効率優先の問題，そして貧困格差社会の問題など社会が抱える様々な問題が噴出し，被災者をいっそう苦しめるのである。日本は課題先進国と言われて久しいが，頻発する災害のたびにそれを実感させられる。そのため，災害からの復興では，こうした社会の矛盾や欠陥に向き合いその改善または克服しようとすること，惨事に便乗する形で推し進められる大規模開発・公共事業を否定し[1]，人間の復興を目指そうとすることが求められる。災害後に生まれる自発的な相互扶助や秩序形成を信頼する思想を持続させ，豊かな福祉社会，社会的排除[2]のない包摂社会など持続可能な地域社会をつくる挑戦をしていくことが大事であり，そのために人と人とのつながりを豊かにすることやコミュニティのあり方を見直しながら，その関係性の維持あるいは紡ぎなおすことが復興の重要な目標となる。

　こうした災害からの復興とその先の社会づくりの過程において，コミュニティビジネスやソーシャルビジネスなど社会的企業（ソーシャルエンタープライズ）[3]に対する期待感は高い。現に，農業・林業・畜産業，漁業・水産業，ものづくり，医療・福祉・健康，教育・子育て支援，安全・安心，芸術・文化，情報・通信，まちづくり・商店街振興，観光・交流，コミュニティ形成，地域

資源，環境・エネルギーなど多様な分野で活躍している。とりわけ，東日本大震災被災地では，農山漁村を中心とした地域の共同性が強いという特性があることや人口流出が避けられないという事態も生じた。そのため，被災地人口の回復のみならず被災者の生活復興感を高めるために，人と人とがつながる仕組みづくりや連帯感を強めようとするなどコミュニティ関係の形成あるいは再形成を意図したコミュニティ・カフェなど交流の場づくりや地域の居場所づくりのビジネスモデルが多く見られる。そして，こうしたビジネスを被災地外のよそ者・若者が担っているところも興味深い。震災の直後にガレキ処理などのボランティア活動をしていた若者が，被災者のあたたかい心に触れ，地域文化に魅せられることで長く被災地にとどまる，あるいは移住し復興支援に携わる場合も見られる。若者たちの多くは，特別な知識や技術を身につけていたわけではないが，被災地で活動していく中で社会的課題を深く意識し，新たな知識と技術，価値を身につけ，ソーシャルアントレプレナーとして継続的な復興支援を行っていくようになる。そんな構図があるようだ。成熟社会となった日本では，普段の生活の中で社会的課題を感じ取る環境はあまりなく，社会に対する関心や強い問題意識を抱く機会は少ない。しかし，あれほどの被災をもたらした災害の現場は，鮮烈な光景として若者たちの心に焼き付き，感受性豊かな若者に多大な影響を与えているのである。被災地は，社会的課題の解決に向かおうとする若者を育てているといえるだろう。

　本章では，こうした災害被災地の復興過程の中でよそ者の若者がいかにしてビジネスモデルを描き，どのようなイノベーションを実現してきたのか，あるいは実現しようとしているのかをひとつの事例を通じて知り，記述する。取り上げる事例は，宮城県気仙沼市でゲストハウス運営に取り組む若者たちの実践である。被災地復興への貢献にとどまらず地方創生のために東奔西走する若きソーシャルアントレプレナーに学ぶべきことを考えてみたい。

2　ソーシャル・ミッション

2-1　大学生からソーシャルアントレプレナーになる

　2011年3月11日に発生した東日本大震災の後，復興とその先のまちづくりの担い手として多くのソーシャルアントレプレナーが生まれ[4]，今も増え続けている。ソーシャルアントレプレナーとしての生き方，働き方を志向する若者が増えているのである。この背景には，社会的起業を支援する国や地方自治体

写真5-1 田中さん

あるいは企業による助成制度の拡充などもあるのだろうが，それよりも被災地で自分の目で見て，耳で聴いて，歩いて，人と出会ってというフィールドワークを通じて若者がこれまでの価値観とは違う価値観と出会ったことで考え方が変わったということも一因としてはあるだろう。本章で取り上げる田中さん（写真5-1参照）もその一人だ。田中さんは今，特定非営利活動法人 Cloud JAPAN（2016年9月設立）の代表理事を務めている。東日本大震災をきっかけにして福岡から宮城県気仙沼市に移住した。ゲストハウス運営を中心とした事業を展開し，今では，気仙沼市の復興とまちづくりにとって欠かすことのできない存在となっている。

　東日本大震災が起こったとき，田中さんは高校3年生だった。大学入学後に報道だけではわからない被災地の実情を自分の目で見てみたいとの思いが高まり，ボランティアとして被災地で活動を続けてきた。そして，福岡に戻り，同じように被災地でボランティアをしてみたいという学生らを被災地にボランティア派遣する学生団体を立ち上げる。そこでは，経験値も専門的スキルもない学生に被災地で何ができるのかを探るため，学生自身がまず1か月かけて住民ニーズを把握するための現地調査を行うこととした。しかし，学生は資金もなく，授業も長期に欠席するわけにもいかず，学業とボランティアとの両立が難しい学生スタッフも出てきた。このままでは立ち行かないということで田中さんが大学を休学し，被災地に移住することでニーズ集約を一手に引き受けることにした。そして，被災地に移住し，ボランティアコーディネーターや他のNPO団体などの仕事をしていく中でマスコミでは取り上げられない被災地の現実を知る。そして，起業のアイデアとして被災地で被災地内外を問わず皆が集える「居場所」の立ち上げを思いついた。

2-2　被災地と旅人（ボランティア）をつなぐ

　はじめに気仙沼市階上地区でゲストハウス「架け橋」（写真5-2参照）を立ち上げた。「架け橋」では，「被災地が抱える多くの問題に各分野の専門家やボランティア・地域住民とともに向き合い，若者の柔軟な発想をもって解決を目指していく。そのプロセスを日本の地方が抱える社会課題の解決にも役立てて

いく」ことをミッションとして掲げた。先述したように、田中さんは、震災直後から被災地で活動をしており、その中で、過労死により自身の上司が亡くなってしまう。また、寝る間も惜しみ、家族との時間も犠牲にして復興に尽力している人びとの姿など報道されない被災地の現実を目の当たりにし、「被災地には住民

写真5-2　ゲストハウス「架け橋」

と旅人（ボランティア）が交流できる場所が必要」という強い問題意識と当事者意識を持った。「架け橋」には、被災地の復興とその先の理想の社会づくりに貢献したいという願いが込められており、ミッションの公益性は高い。そして、人口減少問題や空き家増加問題、情報化社会への対応と地域活性化を社会課題・地域課題と捉え、その解決のためにビジネスモデルによる公益性の高い事業を展開している。具体的な取り組みとしては、人口減少問題に対しては、若者が地方を訪れたいと思う観光資源や環境の整備、若者が魅力を感じる仕事の準備、若者が集い、楽しむ場所を確保することで若者が地方を訪れる機会を増やすことや定住したいと思える環境づくりを行うこととした。また、空き家増加問題に対しては、安価な値段で宿泊し交流を楽しめるゲストハウスの運営、勉強を教えつつ若者の町おこしの参画を促すことのできる高校生向け勉強場所づくり、若者同士および地域住民と若者がつながることができるカフェやフリースペースの確保を行うことで、空き家の有効利用法の開発を目指している。そして、情報化社会への対応と地域活性化に対しては、ICTの活用方法やインターネットによる情報収集、情報発信の方法を地域住民とともに学習する機会づくりを通じて、地域の魅力の発信や仕事の簡略化を図ることで地域経済の活性化や新たな可能性を模索している。このように「架け橋」の取り組みは、地域に根ざしたものであり、被災地内外の若者や地元住民など、ゲストハウス利用者の参加意欲を引き出そうとしているところ、人と人とがつながること、とりわけ、被災地と被災地外の交流を意図した事業展開をしているところに大きな特徴がある。

3 ソーシャルビジネス

3-1 復興支援から新しいまちづくり支援へ

　Cloud JAPANの原点は，被災地復興支援のためのボランティア・コーディネートである。被災地の復興が進み，人びとの暮らしが元に戻り始める中，徐々にボランティアとして訪れる若者が少なくなってきた。そして，被災地外からの若者が減ったことで商店街などに活気がなくなってしまうという新たな課題が生まれた。そのため田中さんは，復興支援ボランティアから新しいまちづくり支援ボランティアへと軸足を移した新しいボランティアプログラム[5]を作った。たとえば，2016年度春のボランティアプログラム（4泊5日）では，ボランティアを集め復興の手助けをすること，気仙沼を訪れる人を増やし，食事をする，買い物をすることで地域経済が活性化すること，学生が震災を知り，考え，防災意識を高めることを目的とした。現地視察のほか，日中は，株式会社マルニシわかめの箱詰め手伝い，南三陸個人の漁師さんわかめの刈り取り，加工の手伝い，NPO法人浜わらすツリーハウス作りの手伝い，子どもの見守り，仮設住宅に住むおじいさんの畑づくりの手伝い，学習支援として高校生への家庭教師などの活動を行い，夜はゲストハウスで地元住民の語り部さんから話を聞いたり話し合ったり，食事をともにすることで交流を深めた。このような被災地を知り，地域住民との交流を深めることを目的としたボランティアプログラムを提供することで，全国から若者が訪れるようになった（写真5-3参照）。ボランティアに参加したある若者は，「リアスアーク美術館に行って震災当時の写真を見て来ました。知っている道に大量のガレキがあって，その後には何も残っていない土台だけの異様な光景が広がっていて，改めて震災によってそれまでの日常がなくなってしまったこと，被災地であることを思い知らされました。気仙沼は何度も色々な津波の被害があってその度に高台に行って，時が経つにつれてまた海の近くにおりて，被害にあってという繰り返しをしていて…。どうにかこの震災のことを後世に伝えて同じ過ちを繰り返さないようにしなければいけないし，それが私たちの今すべきことなんじゃないかなと思いました」と，被災地の現状を知ったことで自分のすべきことがわかったと感想を記している。また，ある若者は，「一番感じたのはつながることの嬉しさと大切さです。絵本カフェのお母さんと子供たち，語り部さん，夜飲みに来るおんちゃん，「架け橋」に泊まりにきたみなさん，イベントやボランティ

アを通して出会ったみなさん…。そして，あつさんもももさん[6]。たくさんの魅力的な方々と，出会うことができました。特に，理想や信念について楽しそうに話す姿に圧倒されました。すごいなと思いました。私はまだまだ未熟だなと痛感しました。自分がやりたいことは何なのか，自分の中にあるもやもやを言語化して整理していかないといけないと思い

写真5-3　全国から集まる若者

ました。様々なことを聞きながら色々なことを考えて，自分を見つめられたのは本当に良かったなと思います」など自分自身のことを振り返るきっかけになったという感想を記している。若者たちは被災地で多くを学び，学んだことを自分の進路や生き方に生かしていくようになるなど自分を知ることにつながっているのである。田中さんは，「外から来る人に向き合う余裕が被災者に生まれている。震災直後に比べ地元住民との接点が生まれやすくなり，交流を求めて外部から訪れる若者にとって魅力が増している」とし，ゲストハウスが復興支援ボランティアの宿としての役割を終えたあとも，気仙沼の魅力を感じ折に触れて立ち寄ってもらい，気仙沼が第二のふるさとになっていく拠点，人の温かさに触れに帰る場所になっていければ良いと考えている。

3-2　事業コンセプトは「みんなの居間，みんなが家族」

「架け橋」は，被災地外からの宿泊者（ボランティア）の宿としての機能と地域住民が気軽に集える「場」，宿泊者と地域住民との交流の場としての機能を備えた地域性の高いゲストハウスとなっている。いうまでもなく被災地と被災者の生活復興の鍵は「人と人とのつながり」である[7]。とりわけ，東日本大震災後では「絆」や「つながり」などいわゆるソーシャル・キャピタル[8]（信頼に基づいた社会的つながり）の再構築が重要視されるようになった。そして，つながる場としてコミュニティ・カフェやサロンなどの居場所づくりなどが活発になってきている。しかし，地域の中に「場」を設けるだけでは，人は集まらず，つながりを生み出すことは簡単なことではない。地域住民が気軽に集まり，役割を持った参加意識が醸成されることではじめて人とのつながりを感じることは言うまでもない。すなわち，地域住民が参加しやすい仕組みや人と人

写真5-4　空き家の改修工事

写真5-5　絵本カフェ

写真5-6　居酒屋

とのつながりを生み出すことを意図したデザインが必要となる。

　これに関して，「架け橋」では，事業の中心となるゲストハウスを作り上げる過程において，すでに地域住民の参加意識を醸成できたことがゲストハウス事業の成功に結びついた要因となっている。まず空き家探しの段階から地元のお寺さんと檀家さんとの信頼関係をつくり，地元住民に対してゲストハウスの必要性や有効性を繰り返し説明し，理解を得るという地道な手続きを踏んでいくことで，地域の中で「共感的な雰囲気」が生み出された。すなわち，地域住民の総意としてゲストハウスの開設が望まれるようになっていく。そのようにして生み出された地域住民のゲストハウスに対する思いは，自分の力を役立てたいという参加意欲を引き出すことにつながった。たとえば，「空き家は，すべて地域住民と被災地外からのボランティアの手によってゲストハウスへの改修工事を行った」（写真5-4参照），「被災地外のボランティアに対して住民が震災の語り部をしてくれるようになった」，「ゲストハウスで提供する食事の材料は地元の農家が無償で提供してくれるようになった」，「絵本カフェ事業は子育て中のママがスタッフとして働くようになった，居酒屋事業では移住した若者が切り盛りするようになった」（写真5-5，5-6参照），という具合である。自分の力が活かされたうえで成り立っている場であれば，その場に何らかの形で関わり続けたいと思うのは当然の心情であろう。「架け橋」では，

地域住民はゲストハウスのお客様ではなく運営の主体者として捉えたことで，自分ごと化が図られ，参加意識の醸成に成功している。このような参加意識を持った住民がいることで被災地外からのボランティア，そして地域住民同士のつながり作りの場としてゲストハウスが機能するようになってきた。すなわち，共感性と当事者性に基づいた，「みんなの居間，みんなが家族」をコンセプトとした事業展開が可能になったと考えられる。

4　ソーシャルアントレプレナーのクラウドを作る

4-1　次なるミッションは若者起業家の育成

　田中さんは，ゲストハウス「架け橋」（宮城県気仙沼市）を皮切りに，空き家を活用したゲストハウスなど居場所づくりのビジネスモデルを全国で展開していく。2016年度には宮城県で4軒，東京都で2軒，熊本県1軒の合計7軒の空き家を運用し活動を始めている。さらに，2017年度では，伊豆大島でゲストハウス，気仙沼でシェアハウスを立ち上げる計画を立てている。そして，このようなゲストハウスの新規開設および運営は，ゲストハウス「架け橋」のボランティアプログラムに参加した経験を持つ若者が担っていくという形式をとっている。すなわち，田中さんの次の事業構想は，「若者起業家の育成」ということになる。田中さんは，果敢に課題に取り組むことが自分の人生を全うすることであると考えるソーシャルアントレプレナーは増加の一途を辿っている，勇気あるソーシャルアントレプレナーが熱意ではなく安心感や幸福感を持って活動地域とつながることができることが持続可能な活動，ひいては日本を根本から変えることだと考えている。

　そしてミッション達成のために，「空き家などの本来価値がないとされている場に，その地に合った場所（クラウドハウス）と価値を創造する」，「本気の活動を応援してくれる想いを集める。具体的にはクラウドファンディングの運営等を行う」，「地域の愛と情熱に溢れる現場を旅する情報（クラウドインフォ）を提供する」の3つを組織として大事にする価値とした。現在，この3つの価値に基づき，「ソーシャルアントレプレナーが集う場づくり支援事業」，「ソーシャルアントレプレナーが集う場の運営支援事業」，「ソーシャルアントレプレナーの資金調達支援事業」，「地域で活動するソーシャルアントレプレナーに係る情報発信事業」，「ソーシャルアントレプレナーの育成及び事業促進の教育支援事業」の5つの事業を行っている。

①ソーシャルアントレプレナーが集う場づくり支援事業

　Cloud JAPAN が取り組んでいる 5 つの事業について，2016 年度の実績を「特定非営利活動法人 Cloud JAPAN 2016 年度報告書」より一部抜粋する形で記述していく。「ソーシャルアントレプレナーが集う場づくり支援事業」では，全国の 7 軒（うち 1 軒はゲストハウス「架け橋」）の空き家を運用し活動を始めている。利用者数や運営状況については下記のようになっている。

　「仙台ゲストハウス KIKO」(宮城県) の年間利用者数は，約 600 名，宿泊数は約 700 泊であった。宿としての機能に加えて，食事会やワーキングスペース，報告会，DVD 鑑賞等に利用されており，オープンスペースとして多国籍の若者が集う場所として活用された。

　「クラウドハウスまる」(宮城県) の年間利用者数は，移住者 3 名，宿泊者 58 名，宿泊数は約 650 泊であった。長期間の活動を行うボランティアの滞在場所として利用された。被災地では短期間のボランティアも引き続き募集しているが，一方で信頼関係を築くうえでのボランティアの中核メンバーは長期で滞在することが必要となってきていることから，一般の宿よりさらに安価で滞在できるようにした。

　「塩ハウス」(宮城県) の年間利用者数は，居住者 2 名，宿泊者 31 名，宿泊数は約 250 泊であった。塩釜の一軒家を利用したシェアハウスとしてオープンさせた。仙台で活動する若者が中心となり，講演会や海外の方向けにイベント等を開催した。今後，旅館業の認可を取得し，ゲストハウスとして運営することが計画されている。

　「MAKERS HOUSE in 押上」(東京都) の年間利用者数は，居住者 3 名，宿泊者 83 名，宿泊数は約 400 泊であった。NPO 法人 ETIC. と連携して運営する学生起業家 100 人の経営塾 MAKERS UNIVERSITY の公認シェアハウスとしてオープンした。全国から集まる学生起業家は東京での塾に参加するために長期滞在を余儀なくされるが，その滞在場所を支援することを目的として運営されている。一方で，塾生間での事業の連携により活動をより充実させ，塾生同士で切磋琢磨することのできる場所としても機能している。

　「MAKERS HOUSE in 沼袋」(東京都) の年間利用者数は，居住者 5 名，宿泊者 91 名，宿泊数は約 350 泊であった。MAKERS HOUSE 2 号館としてオープンした。MAKERS UNIVERSITY は 2 期目を迎えており，沼袋は 1，2 期生の交流を深めるために 2 期生にも活動を広げて運営を始めた。現在は月 1 回の

MAKERS 生の交流イベントの開催場所として使用されるなど広がりを見せてきている。また，MAKERS UNIVERSITY 1 期生の渡部清花（WelGee 代表）の難民支援のための活動場所としても運用されている。

「熊本ボランティアハウス山麓園」(熊本県) の年間利用者数は，宿泊者 911 人であった。2016 年 4 月の熊本地震に伴い，気仙沼でのボランティア滞在場所運営の経験を生かし熊本の支援に入った。その後，地域で活動するソーシャルアントレプレナーに運営を引き継いだ。

②ソーシャルアントレプレナーが集う場の運営支援事業

この事業として，現在はゲストハウス「架け橋」の運営を行っている。まず，2016 年 7 月 7 日～11 月 15 日までの期間で，ゲストハウス「架け橋」の改修工事を行った。みんなで作るゲストハウスを目標に，全国から集まるボランティア，地域住民，延べ 100 名以上からの協力を得た。便槽を埋める工事と下水配管以外は専門家の指導のもと，ボランティアと協力して実施した。壁の色や素材ひとつひとつを相談しながら，こだわって作り上げた。完成お披露目会には助成元である宮城県，トヨタ財団，気仙沼みなみ商工ネット，そして近隣住民からの参加を得ることができた。

「地域との連携」として，2016 年 6 月より気仙沼みなみ商工ネットの理事となり活動を始めた。若者が得意なパソコン作業を担当し，月に 1 回地域新聞の発行を担当した。地域の夏祭りやまちづくりワークショップ，語り部視察研修などにも積極的に参加し，2017 年 1 月からは田中さんが階上まちづくり協議会の健康・子育て・スポーツ部会の事務局となり，階上セントラルパーク構想に若い視点および，地域の母親の意見を届けるべく活動を行っている。

「絵本カフェ架け橋」として，地域の母親の雇用と居場所づくりを目的に，週 4 日，ゲストハウスの居間スペースを活用して運営した。子連れで働くママ 10 名を雇用し，ともに立ち上げを行い，現在は地域の親子が集い，食事をし，交流する場となっている。また気仙沼には大学がないため，普段ほとんど大学生と交流することがないが，ゲストハウスで子どもと大学生ボランティアの交流も生まれている。

「インターン生の受け入れ」として，2017 年 2 月～3 月末の期間で，ゲストハウス「架け橋」のインターン生 6 名の受け入れを行った。短期滞在で過去に来てくれたことがあり，また来たいと思ってくれる大学生が，1 週間以上気仙沼に滞在できる環境を作り，今まで以上に気仙沼を好きになってもらうことを

目的とした。ゲストハウス「架け橋」での簡単な業務（掃除，洗濯，お客さん対応）を手伝ってもらいながら，各個人が気仙沼でやりたいことを行ったり，自分の生き方や進路を見直したりできる機会になるよう支援を行った。

③ソーシャルアントレプレナーの資金調達支援事業
　この事業では，FAAVO宮城の運営を担当した。クラウドファンディングサイトFAAVOは，地域に特化したクラウドファンディングと銘打ち，各地域の団体が運営している。その宮城県版（FAAVO宮城）の運営をし，アントレプレナーの応援を行った。昨年度はJCI（仙台青年会議所）との連携企画もあり，第47回仙台七夕花火大会をはじめとした4プロジェクト計244万8000円の資金獲得を支援した。

④地域で活動するソーシャルアントレプレナーに係る情報発信事業
　この事業では，NPO法人Cloud JAPAN理事・喜多恒介氏のFacebookサイトにおいて有益な情報を掲載した。2万971フォロー，1万8400いいね！　を得た。

⑤ソーシャルアントレプレナーの育成および事業促進の教育支援事業
　この事業では，教育支援事業として全国での講演活動として，「HLAB東北」(2016年8月17日，女川，海外・日本の高校生約40人参加)，「JISP」(2016年12月28日，気仙沼，イスラエル・日本の被災高校生18人参加)，「YOLO！NIGHT！」(2017年1月13日，仙台，仙台近郊在住の一般市民約60人参加)，「滋賀大学」(2017年1月14日，滋賀，滋賀近郊在住の大学生約30人参加)，「MINATOmeeting」(2017年3月19日，気仙沼，気仙沼市民約50人参加）を担当した。気仙沼の高校生向けに2016年4月から2017年3月までに，中学3年生1名，高校2年生1名，高校3年生1名を対象として週4回の家庭教師を行った。

4-2　5つの事業の収益

　5つの事業（平成28年9月5日から平成29年3月31日まで実施分）を通じて得られた収益（表5-1参照）と事業収益以外（受取会費，受取寄付金，受取助成金等）の収益を合わせた経常収益は931万8928円であった。なお，経常費用の合計は904万452円である[9]。

表5-1 事業収益の内訳

	事業内容	金額（単位：円）	
事業収益	ソーシャルアントレプレナーおよびその関係者が集う場づくり支援事業収益	0	
	ソーシャルアントレプレナーおよびその関係者が集う場運営事業収益	2,117,085	
	ソーシャルアントレプレナーの資金調達支援事業収益	208,500	
	地域で活動するソーシャルアントレプレナーに係る情報発信事業収益	0	
	ソーシャルアントレプレナーおよびその関係者の育成および事業促進のための教育支援事業収益	334,860	2,660,445

5 おわりに

　田中さんを中心としたCloud JAPANのソーシャルビジネスをソーシャルワークの視点から見ると，社会開発および開発型ソーシャルワークの枠組みで考えることができる。社会開発の先駆的な研究者であるミッジリーとコンリー（Midgley & Conley 2010＝2012）は，「経済開発のダイナミックなプロセスとの関連で，国民全体の福祉の向上を企図した計画的社会変革のプロセス」と定義するとともに開発型ソーシャルワークという用語を用いて従来型のソーシャルワーク実践とは異なるとし，開発型ソーシャルワークの特徴として，「個人，グループ，コミュニティの成長，変化，変革の概念に根ざしている」，「開発プロセスにおいて経済発展と同等に社会福祉の目標が強調される」，「貧困者だけを対象とするのではなく，すべての人間の生活向上を促進するものである」，「ストレングスやエンパワメントの概念を用いながら個人，グループ，コミュニティ力を高める」，「従来の治療的，救済的ソーシャルワーク，医学モデル的アプローチとは異なり，人的社会的投資を用いる予防的，開発的アプローチである」，「ソーシャル・インテグレーション（社会的統合），ノーマリゼーション，人権，自己決定と参加を中心的な概念として捉えている」，「社会経済政治的な状況にも関心を向けているため，アドボカシーや地域の住民をソーシャルアクションへ立ち上がらせる活動も含んでいる」の7つに整理している。
　ミッジリーとコンリー（Midgley & Conley 2010＝2012）の開発型ソーシャルワークの特徴に照らし合わせてCloud JAPANの実践を俯瞰してみると，まず

若者が大きく成長，変化している点があげられるだろう。若者は，被災地を歩き，知り，視野を広げている。そして，被災者を思いやることや田中さんらの仕事に対する熱意に触れ，生き方に対する共感的理解を深めることで価値観の変化など多くのことを学び，成長しているのである。成長した若者が被災地であるいは被災地外のコミュニティでソーシャルアントレプレナーとして活躍するようになることでコミュニティ力が高まっていく。こうした好循環を生み出している。また，空き家の改修工事などは地域住民がボランティアで行っている，絵本カフェでは子育て中のママたちがスタッフとして働いている，居酒屋には夜な夜な地元のおじさんたちが訪れる，外国籍の若者が集い交流している，などのように地域住民の参加を引き出している点も興味深い。「若者の成長」，「地域住民の参加」，これらは，まさしくエンパワメント実践の典型であり，開発型ソーシャルワークと位置づけることができる。田中さんは九州大学在学中にユヌスのソーシャル・ビジネス（人間の無私の心で成り立つ新しい資本主義・事業形態であり，損失なし，配当なしの社会的目的の実現だけを目指す会社）を知り，強い影響を受けたという。田中さんは，震災からの復興という社会的課題への解決を目指しながらその先にある理想の社会づくりに向けて活動し，新しい社会的価値を生み出そうとしている。まさにユヌスのソーシャル・ビジネスの具現化であり，豊かな福祉社会づくりに大いに貢献しているといえるだろう。

　翻って，私たちソーシャルワーカーはどうだろうか。その名のとおり「社会のために考動する人」としての役割をしっかり果たしているといえるだろうか。
　ソーシャルワークの新グローバル定義では，「社会変革と社会開発，社会的結束，および人びとのエンパワメントと解放を促進する，実践に基づいた学問である」とされているが，日本のソーシャルワーカーである社会福祉士の教育カリキュラムに，社会変革，社会開発の理論や方法を教える内容がどれだけあるだろうか。また，現場のソーシャルワーカーの中に開発型ソーシャルワークというアプローチを意図して実践している者がどれだけいるだろうか。おそらく，そう多くはないだろう。あるいは用語すら知らない者が多いのかもしれない。また，少子化が進み，超高齢社会の日本において，今後，「我が事・丸ごと」の地域づくりが必要だと言われている。こうした地域づくりのためにソーシャルワーカーの実践能力に対する社会からの期待は高まっている。そうした期待感に応えていくためには，これまでのソーシャルワーク実践だけでは不十分であり，社会変革，社会開発を意図した，（日本では）新しいソーシャル

ワークである開発型ソーシャルワークを展開できるかどうかが問われてくるであろう。そしてそのとき，優れたソーシャルアントレプレナーの実践に学ぶことは多いし，あるいはソーシャルアントレプレナーとソーシャルワーカーとのコラボレーションなどもおもしろそうだ。

　いずれにせよ，「ソーシャルワークの機能」[10]を発揮することで，誰もが役割を持ち社会参加できる環境づくりを進めていくこと，これが持続可能な地域社会づくりのカギとなっていることはおよそ間違いない。

　【謝辞・付記】　調査協力いただいた特定非営利活動法人 Cloud JAPAN のみなさまをはじめとする気仙沼の関係各位に感謝申し上げる。なお，本章で使用されている写真はすべて関係者から許諾を得ている。

1) 塩崎（2014）は，「巨大な開発復興事業によってもたらされる「コミュニティの破壊」，「孤立」，「社会格差」，「分断」，「社会的排除」などの問題群を「復興災害」と表現し，こうした問題は自然の脅威によってもたらされるのではなく，社会の脆弱性やしくみによってもたらされるいわば人災であり，本来防ぎうる問題である」と指摘している。
2) 災害後の社会的排除については，高齢者，障害者の高い死亡率，自殺などの震災関連死，虐待の増加，孤立，平時からの差別意識や偏見の顕在化などが例にあげられる。
3) ソーシャルビジネスの概念分析については本書の海老田論考（第1章）を，コミュニティビジネスについては本書の平川論考（第11章）を参照されたい。
4) 被災地において地域課題を解決するための新規性のある事業を行う「社会的企業」の起業と「社会的企業」を担う人材の育成を支援することにより，東日本大震災からの復興に資する起業と雇用を創造することを目的とし，内閣府が2012年度に実施した復興支援型地域社会雇用創造事業により，被災三県を中心に608の社会的企業が誕生し，震災から2年間で常勤非常勤合わせ1700名近くの雇用創出効果があったとされている。
5) 通年でボランティア・コーディネート事業は行っているが，大学の長期休業時期にボランティアに参加したいという学生の要望に応えるために，架け橋では，春休み・夏休み期間中に1ターム4泊5日程度のボランティア・プログラムを作っている。それぞれ第6タームまで実施するため，春休み・夏休み期間中の3月，8月，9月は繁忙期となる。
6) 「あつさん」とは，田中さんのニックネームである。「ももさん」は，Cloud JAPAN の理事の一人であり，ゲストハウス「架け橋」を実質切り盛りしている。静岡県で看護師をしながらバックパッカーとして全国を旅する中で，気

仙沼のファンになり移住して 3 年目である。
7) 阪神淡路大震災から 5 年後の被災者と支援者に対して兵庫県が行った調査結果では，生活再建 7 要素（「すまい」「人と人とのつながり」「まち」「こころとからだ」「くらしむき」「行政とのかかわり」）のうち，とりわけ「人と人とのつながり」は重要であり，不条理な被災体験に意味を見出すことのできる重要他者との出会いがあってはじめて震災体験を評価することができるようになるとされており，被災者にとっての復興とは，「人生の再構築」という意味合いを持っていると分析されている。「復興の教科書」（http://fukko.org/）参照。
8) Putnam（2000＝2006）は，市民参加の強い伝統のある地域が，効果的な政府や経済発展を果たしていることを発見し，そうした地域には，「ソーシャル・キャピタル」が醸成されていると指摘している。市民が信頼し合い，協調・連帯している土壌をつくること，「市民共同体」が地域に根付いていることが，地域におけるイノベーションの源泉になるという考え方を示している。
9) 詳細については，特定非営利活動法人 Cloud JAPAN のホームページ（http://cloud-japan.org/aboutus/）に情報開示として，「平成 28 年度活動計画書」，「平成 28 年度貸借対照表」，「平成 28 年度財産目録」，「計算書類の注記」，「平成 29 年度活動予算書」，「平成 29 年度事業計画書」が公開されているので，参照されたい。なお，ソーシャルビジネス・コミュニティビジネスの運営や経営については，本書の髙橋論考（第 3 章）を参照のこと。
10) 「地域社会の一員であるということの意識化と実践化」，「地域特性，社会資源，地域住民の意識等の把握」，「福祉課題に対する関心や問題意識の醸成，理解促進，課題の普遍化」，「地域住民のエンパワメント」，「住民主体の地域課題の解決体制の構築・運営にかかる助言・支援」，「担い手としての意識の醸成と機会の創出」，「住民主体の地域課題の解決体制を構成する地域住民と団体等との連絡・調整」，「地域住民と社会資源との関係形成」，「新たな社会資源を開発するための提案」，「包括的な相談支援体制と住民主体の地域課題解決体制との関係性や役割等に関する理解促進」など（厚生労働省 2017）。

第6章

再誕を支えるコミュニティ
——刑事司法の可能性——

里見佳香

1 はじめに

　日本の刑事司法制度とは，包括的には社会の治安・法秩序の維持，個別的には犯罪者の再犯予防・矯正・更生を目的として行われる手続と処遇の全般を指す。逮捕・勾留および犯罪捜査については警察が，起訴については検察が，刑事裁判の訴訟指揮，証拠採用，量刑については裁判所が，そして実刑が確定した後は刑務所をはじめとする刑事施設[1]が矯正にあたり，身体の拘束を解かれた後は保護観察所をはじめとする更生保護制度がそれぞれ根拠法に基づき実施されている。その最終目標は犯罪者の社会復帰にあり，犯罪者を更生させ，社会に再統合させることで，もって社会の安全を確保し，社会防衛をなす。これは日本を含めた世界の刑事司法が目指すべき流れとして国連決議などで明言され，国際法，国内法において，繰り返し確認されている[2]。日本国憲法に定める人身の自由などの例外となるその特殊な機能から，日本の刑事司法の主幹はながらく国家が占めてきた。しかし今，特に刑事施設運営の領域において新しい動きが見られる。たとえば2007年，刑務所運営の一部を民間に委託する日本初の官民協働運営刑務所である美祢社会復帰促進センターが開庁した[3]。
　かつて国家が専権をなしてきた領域にも，今後コミュニティビジネスの考え方はなじむだろうか。本章では，日本初の誘致刑務所でもある本センターの例を中心に，諸外国の先例もふまえながら，刑事司法とコミュニティビジネスの

関わりかたについて考えたい。

2　刑事司法にコミュニティビジネスはなじむか

　これまでの議論で明らかになったように，日本の社会福祉により親和的なのは，ソーシャルビジネス的事業よりもコミュニティビジネス的事業であるといえる。本書海老田の議論（第1章）によれば，本章で扱う話題も，振り分ければコミュニティビジネスのほうに近い。「狭い範囲の地域に対する活動」を指すという定義から考えても，刑務所誘致と地域振興というテーマはソーシャルビジネスよりはコミュニティビジネスになじむと思われる（渋川 2017：101）[4]。
　一方で，司法福祉の領域において地域の持続可能性を模索する方策はあるだろうか。また，それをコミュニティビジネスの一環として捉えてよいかという問いもある。事例に入る前に，まず前提として刑務所運営をビジネスにのせることが適当かという問題，そして刑務所運営はコミュニティビジネスの一環といえるかという問題について考えてみよう。

2-1　刑務所運営をビジネスにのせてよいか

　刑務所は法令に違反し，裁判などの結果，刑罰に服することとなった者を収容する刑事施設である。個人の自由を奪い，自らの犯したあやまちについて悔悟改悛の情を喚起させ，改善更生を促すために設けられた刑務所を，民間ビジネスの観点で運営することは適当だろうか。海外で先行する例を見てみよう。
　刑務所民営化の方式にはまず，アメリカ，イギリス，韓国，オーストラリアなどで行われているような，すべての業務を民間事業者が運営するいわゆる完全民営刑務所がある。アメリカの例でみると，完全民営刑務所ビジネスは拡大を続け，1987年には約3000名であった被収容者（Christie 1993＝2002）は，2008年には最大10万人近くまで増加した。その後減少に転じ，2016年には約2万2000名となったが，この数はなお連邦全受刑者の約11％に相当する[5]。しかし2016年8月18日，米司法省はこのような刑務所を段階的に閉鎖すると発表した。完全民営刑務所は当初期待されたようなコスト削減に役立っておらず，また治安および規律の維持，矯正教育の水準などの観点からも問題があるとしたのである。刑務作業として受刑者に強制された労働の搾取も社会問題化している[6]。この事実から，受刑者の改善更生をはかる作用を完全に商業ベースで運営するには問題が多いことがわかる。

刑務所民営化のもうひとつの形として，混合運営方式がある。ドイツ，フランスなどで導入されている方策で，保安業務など権力的業務はこれまで通り国（または政府）が行うこととし，施設の設計・建設や維持管理のほか，給食，洗濯，清掃，職業訓練などの非権力的なサービス業務を民間に委託する。
　刑罰権の行使が国家の排他的な専権事項であると考える大陸法系の国では，国民の権利・自由に関わる権限の行使は公務員に留保されることにより守られるとの考え方がある。たとえばフランスでは，刑務所業務のうち，管理，名籍，保安業務は本来的に国家が行使すべき権限であるとされ，これらの業務の民間委託は違憲であるとの司法判断がなされた（藤本 2013：99）。
　日本の刑法は大陸法の流れをくむ。後述する過剰収容の問題を限られた予算の中で解決するため，刑務所業務の一部民間委託を導入することとした日本は，刑務所管理に伴う行政責任についてはこれまでどおり国家がすべての責任を負うこととし，公務員である刑務官（官）と民間職員（民）とが協働して運営する，フランス型の官民協働刑務所を構想するに至ったのである（藤本 2007：77）。
　なお，アメリカをはじめとする諸外国では，経済復興の要石として，地域による国公立刑務所の誘致も盛んに行われている。「900床程度の刑務所は300から400の雇用を生み出す」と言われているとおり，人口と雇用の増加を生み出すビジネスとして期待されている[7]。

2-2　刑務所運営はコミュニティビジネスといえるか
　日本において刑務所の設置・運営に関して第一義的な責任を持つのは，いうまでもなく国（法務省）である。コミュニティビジネスは一般に，「地域コミュニティを基点にして，住民が主体となり，顔の見える関係のなかで営まれる事業」（細内 2010：12）を指す。これによれば，日本初の誘致刑務所であり，官民協働刑務所でもある美祢社会復帰促進センターはコミュニティビジネスの実践例といえるだろうか。センターの誘致はたしかに，美祢市議会議員である地域住民が起案した「ビジネスプラン」であったが，設置の決定は国がなしたし，その運営の最終的な決定権も国が握っている。細内のいう「住民が主体と」なった，「顔の見える関係」といえるか。
　コミュニティビジネスが，何をどのようにして，そしてどこまでを含む概念なのかを理解するためには，コミュニティビジネスの主な担い手である地域住民，さらに地域住民をも含めたサードセクター論が重要となる。本書海老田（第1章）によると，社会的企業と互換的に使用されることもあるサードセクター

とは，日本のいわゆる第三セクターという語が指す「半官半民」よりも，より広い意義をもつ。たとえば，配分論でいえば，官と民の配分を問わない（「半」官「半」民でなくともよい）のが，欧米型サードセクターの捉え方であるという。この考え方に則れば，最終的な統括決定権を持つのが官，つまり国家であっても，刑務所民営化をコミュニティビジネスの例に含められることになる。

日本の美祢社会復帰促進センターは，市議会を発端とした地域住民のはたらきかけにより誘致を成功させた。欧米型サードセクターの理論に基づき，その境界区分をよりゆるやかに捉える──すなわち，現実の社会問題になじむ──弱い境界区分法を採用することで，刑務所民営化事例もコミュニティビジネスの一環として扱うことができる。

本書の使命は，ソーシャルビジネス／コミュニティビジネスの定義を細分化することにはない。ソーシャルビジネス／コミュニティビジネスからその経営・運営手法を学び，「地域や福祉の持続可能なあり方」を考察するという視点に立って，まずは美祢社会復帰促進センターのなりたちと特徴を見てゆこう。

3 地域による刑務所誘致

3-1 発案と経緯

2007年当時，全国の刑事施設は過剰収容下にあった。刑事施設全体の一日平均収容人員を見ると，1997年に5万91人（うち女子2539人）であったものが，2006年には8万335人（うち女子5003人）となり，10年間で60.4%増（女子97.0%増）となっている。これに伴い，2006年には全刑事施設の収容率は101.2%を記録した[8]。過剰収容状態に起因する処遇環境の悪化や刑事施設職員の過重負担を緩和するため，美祢社会復帰促進センターは2007年4月，山口県美祢市豊田前町麻生下に開庁したのである。現地はかつて炭鉱のまちとして栄えた歴史があるが，全国的な石炭産業の衰退により，1970年11月に閉山した。主要産業を失った後は20年以上過疎化が進行したので，これを復興するため，1997年，国の素形材タウン構想に基づき，炭坑用社宅跡地を地域振興整備公団の所有とした。市も市道や水道の敷設などの整備支援を行い，跡地を「美祢テクノパーク」として整備し，企業誘致活動を行ったが，長引く不況の影響もあり，成果の得られない状況が続いた。2001年，刑事施設の収容率増加を伝える報道を見た当時の美祢市議が，「美祢テクノパーク」への刑務所誘致を思いついたことで状況は変わる。市議が市長と市議会を説得し，

10月には法務大臣に面会，市長議長連名の要望書を提出した。地方自治体が国に刑務所誘致を要望したのは美祢市が最初である。申し入れ後，市議会は地域活性化策を検討する特別委員会を設置する。中でも新刑務所の誘致は，建設や運営に伴う経済効果，勤務する職員と家族の転入に伴う人口増加による消費拡大などが想定されたことから，地域活性化の切り札となると期待された。ただし，刑務所誘致構想が報道されると，市民の間に賛否両論の声が起こった。
　市民に対する説明責任が果たされていないという不満，町のイメージ低下や治安の悪化を懸念する意見などが昂じた結果，地域住民による反対署名が集まり，反対住民を中心とする「美祢市の刑務所誘致を考える会」が発足した。考える会と美祢市の調整の結果，2002年には市長の提案による市民参加型の「矯正施設誘致検討市民委員会」を設置することとなったが，委員会が先進地の視察などを行い，提言書を取りまとめた結果，地域振興を前提に誘致を容認する方向で意見調整がなされた。
　一方，前述の理由により，国では刑務所の新規設置の機運が高まっていた。課題となっていた財源の確保については民間資金を活用すること，また，規制緩和の流れから，運営についても民間委託を拡大する方針がとられた。その結果，2004年1月，法務省通知により51の候補地の中から美祢市が選定された。「美祢テクノパーク」が刑務所建設予定地となった理由として，新たな造成が不要で短期間で整備できたこと，市内に総合病院があったことなども挙げられている。
　新刑務所は全国初の男女混合収容（別棟）の施設とされた。参入企業の公募と入札が実施された結果，2005年4月，3件の応募から美祢セコムグループが落札した。同時に事業契約が締結され，2005年度から2025年度末までの計20年間にわたるPFI事業が開始する。センターの設計と建設に2年間をかけた後，冒頭記述のとおり美祢社会復帰促進センターが開庁したのである。
　重要な点はまず，本センターの設置が日本ではじめて住民発案による地方自治体提案事業によることである。次に，誘致事業であるからといって，刑務所新設にあたり反対運動がなかったわけではないことがある。美祢市によると，建設地決定の前後において説明会を繰り返し，地元の要望も聞き入れながら，地域の合意を徐々に形成していったという[9]（写真6-1）。

3-2　美祢社会復帰促進センターの特徴と運用[10]
　本センターは，改善更生が期待される主に初犯受刑者を収容する，いわゆる

写真6-1 美祢社会復帰促進センター

（出所）美祢社会復帰促進センター公式サイトより転載。

「超A級」のモデル刑務所として，またその運営手法にも多くの特色があり，注目されている。本センターにはまず，刑事施設では日本ではじめてPFI方式による官民協同施設として設立されたという特色がある。PFIとは，Private Finance Initiative の略語で，民間の資金やノウハウを活用して公共施設などの建設，維持管理，運営などを行う手法を指す。

本PFI事業はBOT（Build Operate Transfer）方式により行われる。これは民間事業者が施設などを建設し，維持・管理および運営し，事業終了後に公共施設などの管理者などに施設所有権を移転する方策をいう。

本事業は，PFI事業を行うために設立された「特別目的会社」（SPC：Special Purpose Company）が行う。SPCは事業の収益力を担保に融資を受けるプロジェクト・ファイナンスという方法で，建設資金などの一部を金融機関から借り入れ，事業を行っている。美祢社会復帰促進センターは，すべての業務を民間が運営する「民間刑務所」ではなく，国の職員（官）と民間職員（民）とが協働して運営する混合運営施設である。SPCの実体は小規模で，施設運営に関して国（センター）との調整窓口となる総括業務責任者およびその補佐が所属するのみの会社組織であり，具体的な運営業務は国が担当する（太田2009：24）。サービス提供の主体はなお国であり，刑務所管理に伴う行政責任についてはすべて国が負う。

一方で，民間に委託する業務の範囲は広い。構造改革特区制度を活用することで，施設の設計・建設のみならず，施設の警備，収容監視，職業訓練や健康診断など，これまで民間委託できなかった領域にも及ぶこととなった。刑務所運営において官と民とが協働で実施するPFI方式のしくみについては図6-1[11]を参照してほしい。

次に，センターの運用を見てみよう。太田によれば，センター内の日々の業務は，SPCが事業契約によって法務省から本事業を包括的に受託したうえで，SPCと各受託企業との業務領域毎の委託契約により，リスク面を含めた業務全体を委託し行っている。国からSPCに支払われる事業対価は，SPCが調達

図6-1 PFI方式

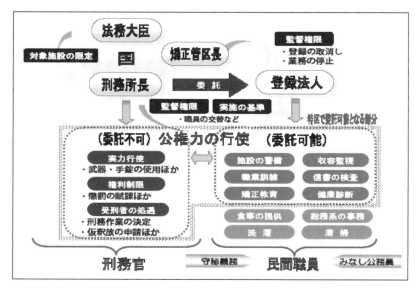

（出所）　法務省「刑事施設における業務の委託の在り方について」より転載。

した資金の返済や税支払いに要する資金などを除外したうえで，各受託企業に配分される。各受託企業は入札時に示した事業計画に基づいた契約額を受け取ることになる。金額は物価が大きく変動した場合にのみ変更できるとされ，運営期間を通じて一定額に固定されている。そのため，各受託企業は，運営方法の工夫や効率化を進め費用を抑えることによってのみ収益を向上させることができる仕組みである。美祢社会復帰促進センターをはじめとした各刑務所PFI事業に参入した民間企業は，「当初予期しなかった費用」の発生により，事業開始後いずれも苦労しているという。刑務所運営において「民」が参入する益とは，もとより利潤の拡大のみを指すものではないことは確かであるが，再犯防止という社会貢献性の高い有意義事業を行っていても，収益性が極端に低いと企業のモチベーションに関わるという指摘がなされている（太田 2009：25）。

　上限は設定されているものの，民間企業があくまで利潤を求めて事業をなす点において，本事業はユヌスが提唱する「利潤を追求しない」ソーシャルビジネスの構想とは異なる。

4 「ビジネス」としての刑事司法
――美祢市の刑務所誘致がもたらした効果――

4-1 全体効果

　それでは，刑事司法にビジネスの観点を導入した効果はあっただろうか。地域のヒト・モノに対する刑務所誘致の経済効果を見てみよう。みずほ総合研究所株式会社が行った調査によると，美祢社会復帰促進センター運営による地域（山口県内）への経済効果（生産誘発額）は，2次間接波及効果まで含めた合計金額として，累計643億1400万円（単年度平均56億1000万円）であった。今後を含め全20年間にわたる事業期間を通した経済効果の推計は1260億800万円にのぼるとされている[12]。

　対して，山口県の2014年のデータはどうか。県内総生産は5億9690万4200円，一人当たりの県民所得は312万3876円であった[13]。これらの数値を比較すると，美祢社会復帰促進センターの設置運営が地域に及ぼした経済効果の大きさがわかる。

4-2 ヒトの経済効果

　さらに詳細に見てみよう。主に雇用拡大の側面において，大規模施設の誘致は効果を発揮する。センター開庁以後9年間の雇用者増加数は累計約6110人（単年度平均約559人），今後を含め全20年間にわたる事業期間を通した雇用者誘発数は累計約1万2262人と推計されている。一方，山口県民の総人口は，2014年で約141万人，就業地における全就業者数は64万6358名である。

　現在，国家公務員である美祢社会復帰促進センターの刑務官の約90％（約170名中約150名）は美祢市内に在住している。また，SPCと呼ばれる民間職員の約35％（約230名中約80名）も同様に市内に在住している。最大1300名収容可能なセンターの受刑者や職員の家族などもあわせると，数千人規模の人口増をみている。

　事業契約締結以降の地方税の増加額の累計は約50億6600万円（うち被収容者および従業者増による地方交付税増加額は約24億4300万円，単年度平均にして約2億7100万円）であった。職員の地元雇用と地域振興は大きく関連するが，単純な人口増加と地域の活性化も，同じく関連する。

4-3 モノの経済効果

クリスティーは,「地方を活性化する刑務所」と題する文の中でこう書いている。

> 刑務所が製造するものよりもっと重要なのは,刑務所が消費するものである。その消費によって国を動かし続けるのに一役買っている。これは,経済的に衰退している地域へ刑務所産業を誘致する場合とりわけ言えることである。(Cristie 1993＝2002：169)

たとえば食である。センターでは被収容者に365日3食の食事を給与するため,食材を美祢市や県内の業者から調達している。市内および県内をあわせた食材の地元調達の割合は約70％である。国が運営する一般の刑事施設における被収容者1人1日あたりの食糧費の金額(平成27年度)は544円なので,センターにおいても同程度として計算すると,1年間の地元調達金額は約1億100万円(推計額)となる[14]。その他,文具等生活用品の需要と消費も同様に見込まれる。

4-4 その他・サービス向上などの効果

ヒトやモノに対する経済以外の効果についても見てみよう。まず,センターは日本初の敷地内保育園を持つ刑務所でもある。開庁後,職員の家庭を中心に,地域の子女を受け入れる保育園を誘致開設した。また一般市民に食堂なども開放しており,店内では受刑者と同じ食事をとったり,刑務作業品を求めたりすることもできる。他に,前述の調査報告書によれば,災害時の避難場所の指定(市民への安心・安全の提供),地方自治体・地域住民の代表者・センターの三者で構成される「美祢市社会復帰促進センター地域共生のまちづくり推進協議会」などを通した地域住民との交流,職員の子女の転入による地域の小学校の維持,地域住民のセンター内の各種行事(盆踊り大会など)への参加,地方自治体の知名度の向上などもセンター設置の効果であるとしている。このように,一部に課題も残るものの,美祢社会復帰促進センターは地域振興の物質的精神的な効果をあげている[15]。

4-5 更生保護から見た効果

以上,山口県や美祢市をはじめとする地方自治体側の益を見てきた。一方で,

誘致により国の側が受けた恩恵はあるだろうか。

　第一義的に，刑務所新設による過剰収容問題の解消が挙げられる。国は，「美祢市でなくともどこかには」刑務所をつくらねばならなかったのである。次に，美祢の特徴として，PFI方式を導入したことによる経費削減も挙げられるだろう。

　それらの実利実益のみならず，国側にもまた他の益を挙げることができよう。たとえばセンターでは地域住民の活動として，フォーラム・シンポジウムを開催する等している。また，年2回，地元地域向けの広報誌として「再誕の丘だより」を発行し，内部の出来事の紹介などを行っている。さらに，センターの官民職員が地域行事やボランティアに参加することで，地元の美祢市や豊田前町とは「切っても切れない関係になっている」のだという[16]。これらの活動を通じて，美祢社会復帰促進センターは，その基本理念である「国民に理解され，支えられる刑務所」を実現し，受刑者の出所後の社会復帰に対する国民（市民）の理解と協力を得ている[17]。つまり，国の側には更生保護の観点から見た効果もあるのである。

　センターは小高い丘の上に位置する。この丘はかつて立ち並んでいた炭坑住宅が美祢社会復帰促進センターに生まれ変わることに因み，「この施設で受刑者が社会復帰するために生まれ変わる」ことを願って「再誕の丘」と名づけられた。センターの入り口脇に置かれた石碑は，受刑者の社会復帰と官民協働を通じた地域共生を目指す美祢社会復帰促進センターと，それを支える美祢市および豊田前町の姿を象徴するシンボルとなっている。

5　おわりに
——NIMBYを超えて——

　NIMBYという語がある。これは「Not In My Back Yard（我が家の裏には御免）」の意味で，「施設の必要性は認めるが，自らの居住地域には建てないでくれ」と主張する住民たちや，その態度を指す。日本語ではNIMBYの対象となる施設について「忌避施設」，「迷惑施設」，「嫌悪施設」などと呼称するが，刑務所をはじめとする刑事施設もこれらに入る。NIMBYは新たな対象施設建設や増築などの構想が持ち上がった際に顕在化しやすい。実際に，美祢社会復帰促進センター誘致に際しては地域住民の反対運動が起こった。

　一方で，NIMBYの核を構成する心配・嫌悪・恐怖・不安を上回る公益と社

会益，そして何より地元益がみとめられれば，構想は実現することが，センター開庁の経緯と現状からわかる。危惧を完全に払拭することはなくとも，施設が完成し，その運用が一旦始まれば，施設・地域相互の関わりは否応なく深まってゆくのであって，時間の経過や集積する経験の中で解消することもあるかもしれない。すなわち，NIMBYは特殊なものではなく，かつ，NIMBYがみとめられてなお，対象施設の設置を実現し，相互理解の扉を開くことは可能である。本センター設置はNIMBYを乗り越えた事例として読むこともできる[18]。

NIMBYの壁を超えるにあたって，経済的な利益は，それが明快な「益」であること，そして文字通り実利であることから，重要な要素となる。NIMBY対象施設を設置・開設することの公益と，地域住民の得る私益の調整とをはかり，双方が合意するWin-Winの関係を築けるという点において，刑務所運営をコミュニティビジネスの一環として捉える手法は有用であるように思われる。

また一方で，司法福祉と呼ばれる領域がある。司法を通じて福祉課題の解決の道を探る研究・実践領域であり，更生保護制度などが該当するが，日本の更生保護制度の基本法となる更生保護法は2条において以下のとおり定める。

【更生保護法】
（国の責務など）
第二条　国は，前条の目的の実現に資する活動であって民間の団体又は個人により自発的に行われるものを促進し，これらの者と連携協力するとともに，更生保護に対する国民の理解を深め，かつ，その協力を得るように努めなければならない。
2項　地方自治体は，前項の活動が地域社会の安全及び住民福祉の向上に寄与するものであることにかんがみ，これに対して必要な協力をすることができる。
3項　国民は，前条の目的を達成するため，その地位と能力に応じた寄与をするように努めなければならない。

まとめると，国民には，犯罪をした者および非行のある少年が善良な社会の一員として自立し，改善更生することを助けるための応分の寄与義務がある。日本の刑事司法制度の方向性は犯罪者の社会内処遇と自立支援にあり，その社会復帰により再犯防止をはかる。そして，これら特別予防および一般予防の機能により社会を保護し，公共の福祉を増進することを終局的な目的とする[19]。

第6章　再誕を支えるコミュニティ　99

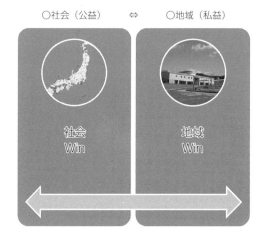

図6-2 コミュニティビジネスは「ともに Win-Win を目指す持続可能なはたらきかけ」と表すことができる

　刑務所は刑罰の執行機関であるが，大きな流れの中で福祉になじむ。すなわち，日本初の誘致刑務所としての美祢の例は，ソーシャルエクスクルージョン（社会的排除）に対抗し，多様な人びととの共生を目指す「社会的包摂」とも呼ばれるソーシャルインクルージョンの実践例として見ることもできる[20]。リスクを含めたうえで犯罪者を再び社会に受け入れる再統合モデルとして，センターは十分に機能している。

　「地域の住民が経済的価値を手放さず，かつ安定的運営を行い得る持続可能なしくみをもち，また国の刑事司法・更生保護制度にも沿うコミュニティビジネス」という可能性を，美祢社会復帰促進センターに見た。コミュニティビジネスを，「双方の益を目指すこころみ」であり，「公と私とがともに Win-Win を目指す持続可能なはたらきかけ」のひとつであるとみなせば，Win（益）とは単純に利潤の意味ではないことが理解できよう。しかも，益はひとつではない。たとえば，社会政策的な益を「公益」と表現するならば，地元山口県民・美祢市民の益は「私益」とも表現できよう。刑務所誘致というコミュニティビジネスは，これら双方の益を高めるための持続可能な取り組みであり，そして，同時に，またはゆくゆくは，各個人すなわち社会全体にとっても Win をなすはたらきかけとなる（図6-2）。

　刑事司法領域におけるコミュニティビジネス参画のこころみは，まだ始まっ

たばかりである。コミュニティビジネスの沃野は，「持続可能性」という言葉の中に「ビジネス」の要素を込める公益性の高いものから，利益を追求してこそ存在意義のある民間企業の参入まで，大きく広がっている。コミュニティビジネスがとらえる視野に，刑事司法など国営事業の民営化はどの程度重なり，またどの程度影響し得るか。今後の展開を注視したい。

【謝辞】 本章の執筆にあたっては，視察受け入れや聞き取り調査，資料協力において，美祢社会復帰促進センターおよび山口県美祢市地域振興課の多大なご助力とご助言を頂きました。この場を借りて御礼を申し上げます。

1) 「刑事施設」は総称であり，具体的には刑務所，少年刑務所，拘置所を指す。刑務所および少年刑務所は主として受刑者を収容し処遇を行う施設であり，拘置所は主として刑事裁判が確定していない未決拘禁者を収容する施設である。
2) 国連の設けた基準の例として被拘禁者処遇最低基準規則 25 等がある。国際法の例としては，市民的及び政治的権利に関する国際規約の 10 条 3 項が，刑事施設の目的が更生と社会復帰であることを明記している。他に国内法規定の例として，更生保護法 2 条国民の応分の寄与義務がある。本条については本文で後述する。
3) 「社会復帰促進センター」という名称を用いているが，刑務所である。美祢をはじめとして，現在は島根あさひ社会復帰促進センター，喜連川社会復帰促進センター，播磨社会復帰促進センターの 4 施設が開庁している。
4) なお渋川（2017）は「市民起業（Civic Business）」として，町村など行政的な区分や範囲の中で行う活動も紹介しているが，本章では指摘にとどめる。
5) 「連邦刑務所局における民営化に関する調査」（National Institute of Justice 1999）参照。
6) 「肥大化する米国の「獄産複合体」受刑者は安価で計算通りに働く労働力」日経ビジネスオンライン，2014年1月7日（http://business.nikkeibp.co.jp/article/report/20140106/257826/?P=2）
7) Correctional Building News（1994：5-6）参照。
8) 法務省『平成 19 年版犯罪白書』（http://hakusyo1.moj.go.jp/jp/54/nfm/n_54_2_2_4_4_2.html）。
9) 2017 年 9 月 20 日山口県美祢市役所地域振興課別府泰孝氏への聞き取り調査による。
10) センターの特長と運用については美祢社会復帰促進センター HP 説明文を参考にした（http://www.mine-center.go.jp/index.html）。

11) 法務省矯正局サイトより転載（http://www.moj.go.jp/kyousei1/kyousei_itaku_index.html）。
12) みずほ総合研究所株式会社（2017）「社会復帰促進センターの地域への経済効果に関する調査　報告書」ならびに法務省HP（http://www.moj.go.jp/content/001222161.pdf）参照。
13) 本節における山口県内の税収などの経済事情や人口動態事情などについては山口県HPにある「山口県の経済」参照（http://www.pref.yamaguchi.lg.jp/cmsdata/4/d/c/4dca9aed62c5cab4d0588b677723d0ca.pdf）。
14) 法務省（2017：10）「PFI手法による刑事施設の運営事業の在り方に関する検討会議報告書」（http://www.moj.go.jp/content/001222161.pdf）参照。
15) 2017年9月現在美祢市には婦人科医療施設がない。開庁にあたり予定され，期待されていた婦人科診療所の市民開放は医師確保の問題等からいまだ実現しておらず，センター運営の今後の課題となっている。
16) 2017年9月22日付美祢市地域振興課提供資料参照。
17) 美祢社会復帰促進センターHP参照（http://www.mine-center.go.jp/minecenter.html）。
18) もちろん，対象施設の開設後に憎悪や対立が加速するという反対の現象が起こる可能性もある。
19) 本章では特別予防を再犯防止，一般予防を初犯の防止という語義で用いる。
20) ソーシャルインクルージョンについては本書第11章の平川論考や第7章の齊藤らの論考も参考のこと。

第7章

就学前施設における保育リーダーとマネジメント

齊藤勇紀・迫田健太郎・迫田圭子・小野翔彌・篠田珠弥子

1 はじめに

　1962年から1967年にミシガン州で行われたペリー就学前プロジェクトは，日本の乳幼児期の教育に大きな影響を与えた。このプロジェクトによれば，成功の鍵は乳幼児期の教育の「質」にあり，子どもが成人後に成功するかどうかは幼少期の介入の質に大きく影響され，幼少期に認知力や社会性や情動の各方面の能力を幅広く身につけることが重要であることが示唆されている（Heckman 2013 = 2015）。このような力を育てることに重点を置いた子どもの教育は，乳幼児期の保育・教育に多くの投資を行うべきとの風潮を後押ししているであろう。

　一方，日本では，待機児童，保育者不足，就学前施設の建設反対等，社会的にも子育てや保育に関するトピックスが大きく取り上げられている。保育への投資が社会全体の収益率を高めることがわかっているが，保育分野では多くの地域で様々な問題を抱えていることも事実であろう。

　本章では，日本の子ども子育て施策の現状と問題点を先行研究から整理を行う。そして，乳幼児期の保育・教育の促進に寄与し，コミュニティにおいて社会的な価値を見出している就学前施設の取り組みを紹介し，今後の就学前施設における必要な人材について検討したい。

2　保育の多様化と子ども子育て支援新制度

2-1　子ども子育て支援新制度と新たな子育て事業の展開

　2015（平成27）年4月より「子ども子育て支援新制度[1]」が施行された。幼児期の教育・保育の「量」の拡充と，「質」の向上を促進するためのものである。この制度は，乳幼児期を対象としたサービスに対して，民間企業の参入，教育・レジャー・玩具等の育児産業での製品サービスの開発，地方自治体と企業との連携も促進した（事業構想大学院大学出版部 2015）。中でも病児保育事業を事業化した認定NPO法人のフローレンス[2]は，新たな社会的価値を創出し，既存の諸制度の変革を行っている。

　フローレンスは，赤字経営が常態化していた従来の施設型の病児保育とは異なる，非施設型の病児保育サービスと保険・共済型経営の導入によるビジネスモデルを構築した。そして，社会全体に新しい社会的価値を問いかけている。フローレンス代表の駒崎は，現場の視点からも待機児童解消策として，保育士不足の壁を解消する必要性を指摘している。駒崎は具体的な解消案として，「人材確保法」の成立，「ヘルプマン制度」，子育て支援は「消費」でなく「投資」といった側面への変換，不必要な物件規制の除外，小規模保育の対象年齢拡大といったアイディアを提案している（駒崎 2016b）。

　一方で，現在の保育政策は，依然として保育所整備が先行しており，保育における「質」の問題や保育者のキャリア形成の先行きに不透明感がある（池本 2015）。このことは，保育者を目指す学生，潜在保育士にとっても不安感が強く，いっそうの保育者不足を招いている要因とも考えられる。

2-2　現行の施策の課題

　子ども子育て支援新制度を支える理念は，すべての子どもに対して「質」の高い保育・教育を受けるべきであるとするソーシャルインクルージョン[3]の概念が根底にある。池本（2015）は，こうした国の積極的な子育て支援施策に対し，肯定的な評価をしつつも，現状の施策には以下の2つの課題があることを指摘している。

　ひとつ目は，都市部を中心とする保育所待機児童問題への議論の偏りである。全国ベースの保育所需要のピークはすでに過ぎつつあり，本来もっとも重要な子どもの過ごしやすさや健康面・教育面への配慮についての議論が後回しに

なっていることである。2つ目は，保育の質的ニーズの変化を踏まえた保育のあり方に対する検討の遅れである。アレルギー，発達の遅れや障害，医療的ケア，虐待，貧困家庭といった，多様化・複雑化するニーズへの対応には，より多くの人員配置が求められる。しかし，日本の配置基準は先進諸外国と比較して保育者一人に対する子どもの数が多いと示唆している。

　上記の質的ニーズに対応できる制度が検討されなければ，現場の保育者は疲弊し，いっそうの保育士不足を招くことが懸念されるであろう。保育士等の人材不足の対応に対しては，人材育成や再就職支援等を進めるための「保育士確保プラン」（厚生労働省 2015）が策定されているが，地域のニーズに応じた「量」と利用者の実態に応じた「質」に対する保証の検討が必要である。

3　保育所における社会問題

3－1　保育の「質」の確保に向けた人材育成

　乳幼児期に「非認知能力」（Heckman 2013＝2015）を育てることの重要性が示唆されていることから，保育者は，子どもたちの興味・関心をきっかけとした豊かな体験が，さらに深い学びに向かっていくように援助する必要がある。上記に加え，2017（平成 29）年に告示された「保育所保育指針」では，資質能力の3つの柱を幼児教育の特質と捉え，遊びを通しての総合的な指導を行う中で，「知識・技能の基礎」「思考力・判断力・表現力等の基礎」「学びに向かう人間性等」を一体的に育んでいく視点も重要視されている（厚生労働省 2017）。保育者には，子どもたちがこのような力を育んでいくために，日々，省察していくことが求められ，保育の質の向上には欠かせないこととなっている。

　一方，「重労働低賃金」「先行き不安」「子どもの保育と保護者対応の困難さ」が養成校の学生や有資格者が保育者を選択しない理由として挙げられている（池本 2015）。この点については，行政や養成校の問題だけではなく，就学前施設の管理職の経営におけるマネジメントの問題も視野に入れて検討する必要性が示唆されている（矢藤 2015）。

　これまで就学前施設によるマネジメントは，主に主任保育者の役割が探求されてきた（伊藤 2006）。そこでは，「園長の補佐」「まとめ役・パイプ役」「保育業務のリーダー」として施設内の保育マネジメントが検討の主流であった。しかし，子ども子育て支援新制度では，保育リーダーが研修によって技術を洗練し，保育の質を高めていくことが求められている。また，組織のマネジメント

だけでなく，地域の子ども・子育て支援を住民参画の基にマネジメントすることが求められている（矢藤 2015）。

「保育所保育指針」においても，保育の質の向上として，保育士等の自己評価，保育所の自己評価が明記され，評価を踏まえた計画の改善とPDCAサイクルを通して保育の質向上を図ることが示されている。（厚生労働省 2017）。また，保育所における保育の課題や各職員のキャリアパスも見据えて，初任者から管理職員までの職位や職務内容等を踏まえた体系的な研修計画を作成することが義務付けられ，公定価格にも反映されることとなった。

上記のように就学前施設においては，施設の保育を充実させるためのリーダーシップと組織を統率するマネジメントの役割を担う双方の人材が必要になってきている。しかし，日本における保育研究の概念や理論は学校教育における研究の発展によりその理論や方法が保育領域に導入されてきた。このことから，保育者を養成する大学においても，実践者の養成が行われてきており，経営やマネジメント研究に関する専門的知識を有する保育研究者の層が薄いことが指摘されている（秋田ほか 2016）。

3-2　保育リーダーと保育マネジメント

これからの就学前施設においては，保育のリーダーシップとマネジメントに対する知識と実践力が必要不可欠であろう。それでは，ここでいうリーダーシップとマネジメントはどのような特徴を持っているのであろうか。秋田ら（2016）は，その特徴としてリーダーシップ研究の知見からリーダーシップとマネジメントについての対比と整理を行っている（表7-1）。

秋田ら（2016）は，マネジメントとリーダーシップはいずれか一方が充たされるだけではなく，両方が補い合いながら機能することが重要であると示唆している。このことからも，リーダーシップとマネジメントは独立したものではなく，両方がバランスよく機能していくことが必要であろう。

本章の著者のひとり（齊藤）が，保育所でのリーダーシップやマネジメントについての聞き取りを行うと，「多様な子どもの育ちへの対応」「勤務体制」「職員間の調整」「保護者対応」が主な業務であると，多くの保育所所長や主任が言及する。本来であれば，上記への対応を含め，各々の地域の実情に応じた「魅力のある保育所」の構築を目指していきたいといった思いもうかがえる。それは，保育者自身が持つ「理想の保育者像」の構築にも影響を与えると推察される。

表7-1 マネジメントとリーダーシップの対比例

	マネジメント	リーダーシップ
Smith and Langston (1999)	統制，実行，組織，現状の実践を認識，運営管理，全体の見渡し，調整する存在，自制によって動く存在	インスパイア（鼓舞），思考，動機付け，変化を開始，ヴィジョンをもつ，要求，判断，目標の設定，ペースづくり，忠誠を引き出す，自己充足的
Moyles (2006)	方向性，目標の明示，基本的なニーズへの配慮と責任，質に関する説明責任，他者を導くリーダーであること，柔軟さと多才さ，スタッフへの情報提供，価値の共有，変化を導き管理する能力，関係者が力付けられること，園文化の設定と位置づけ	人材資源の管理運営，カリキュラムのマネジメント，園レベルでのかかわり，参加・介入，地域レベルでのかかわり・参加・介入，国あるいは世界レベルでのかかわり・参加・介入，意思決定，計画と方略設定，園の将来を想定した長期的な計画，アイデアの実行と評価，基本的な行政プロセスの執行，物的資源の管理運営
Kotter (2008)	計画立案と予算設定によるアジェンダ創出，組織化と人員配置による人的ネットワーク構築，統制と問題解決による目標達成，予測可能性と秩序，一貫性をもたらす	方向性の設定によるアジェンダ創出，心理的な統合による人的ネットワーク構築，動機づけと啓発による目標達成，有用な（しばしば大きな）変化をもたらす

（出所） 秋田ほか（2016：287）

　子ども・子育て支援新制度は，主体的，自立的なマネジメントが求められるような制度である。保育所では，地域の中で限られた資源を活用して最大限の成果をあげるための自立的な努力や工夫が求められる。したがって，就学前施設においては地域と協働し，地域の子ども・子育て支援を主体的に取り組むためのコンセプトの立案が求められるであろう。そして，組織の成果を実現するための総合的なマネジメントが必要となるであろう。

　就学前施設の適正な「量」と子どもと保護者の最善の利益を目指した「質」の確保を目指すのであれば，運営管理に関する役割と保育をリードする役割に対する知見を養成校の段階や現場研修で学べるようなプログラムの構築が必要であると考えられる。

4　「魅力ある保育」の展開

　これまでの課題を整理すると，今後の就学前施設の運営に必要な観点として①保育の質の向上を目指した組織におけるリーダーシップ能力，②地域や保育所独自の事業の存続や発展に関わるマネジメント能力の向上が挙げられる。こ

写真7-1　茶々そしがやこうえん保育園

のことは，保育者養成段階だけではなく，保育者のキャリアデザイン，階層性に応じた研修や学びの中に，保育リーダー論と保育マネジメント論を取り入れることも検討が必要である。

　ここでは，地域において「魅力ある保育」を展開し，コミュニティ，福祉，教育，街づくりといった保育の「量」の拡大と保育の「質」に対する問題に対して，先駆的な取り組みを行っている社会福祉法人あすみ福祉会茶々保育園グループ（以下，茶々保育園グループ）を紹介する。

4-1　茶々保育園グループのコンセプト

　茶々保育園グループ[4]は首都圏で認可保育所および認定こども園を計14か所運営する社会福祉法人である（写真7-1）。「社会の財産になる」ことをミッションとして事業展開を行い，複数施設の運営にとどまらず今後の保育所のあり方を提案・発信することを通して幼児教育についての社会的議論の活性化を図っている。

　コンセプトは，「オトナな保育園」としている。「オトナな保育園」とは，子どもたちを社会の一員として認め，人格を尊重し，一人の人間として向き合っていくことである。「オトナな保育園」は，「子どもだまし」に頼らない本物の体験を産み出すことを目指している。そして，将来の主役として社会を形作ってゆく子どもたちに対して，教育を通した社会づくりを行っている。

　では，「オトナな保育園」で働く保育者のあり方はどうあるべきであろうか。同グループの保育者は，「子どもたちが初めて会う社会人」という認識をもち，その姿への道筋としての人事制度や各種の取り組みを行っている。そのベースとなる考え方，人事理念は「働きやすい職場を作ろう」ではなく，「頑張りやすい職場を作ろう」としている。つまり，多様な価値観の中で自らの理想とする社会人として成長をしたいと願う保育者が，目標に向かってより頑張れる環境こそが良い職場だと考えている。以下に，茶々保育園グループのコンセプトである「オトナな保育園」の保育実践を紹介する。

4-2 「オトナな保育園」を保育実践で具現化

日々の保育の中で目の前にある活動の種、学びのきっかけをいかに保育者がキャッチし、保育につなげていくのであろうか。「Full Of Smile みんなが笑顔に！」を年間テーマとした異年齢クラスAでの実践である。

そのクラスは、あるとき、ケニアでスナノミ症という病気が流行していることを知る。ケニアには経済的に恵まれない子どもが多く、靴を履いて遊ぶことができないため、足の傷から病原体が体に入り込んでしまう。「どうしてあげたらいいのかなぁ……」という保育者のつぶやきに「ぼくのおうちにいらなくなったくつがあるから、それをあげるよ」と話してくれた子どもの言葉から活動が生まれた（写真7-2、7-3）。

写真7-2　集めた靴をみんなで洗う

写真7-3　たくさんの靴が集まった

靴を集めるためにポスターを作り、園内のみならず子育て支援センターにも掲示し、地域住民の方々からの協力も得た。この活動の経緯や自分たちの想いを子どもたち自らが地域の方や保護者に向けてプレゼンテーションを行った（写真7-4）。この活動を通し、社会生活への関わりや思考力の芽生え、生命尊重、言葉によ

写真7-4　子どもたちのプレゼンテーション

る伝え合い、子どもたち自身の自信につながっていった。

続いて、「Walk On Project」を年間テーマとした異年齢クラスBの実践である。万歩計をつけている保育者を目にしたAちゃんの「それなに？　つけ

写真7-5 子どもたちは青森を目指す

てみたい」との言葉から，子どもたちも交代で万歩計をつけてみることとなった。すると，「いっぱいあるいたら，おなかがすいた」とおかわりをするほど昼食を食べたり，「あるいたら，きんにくがついた」と話したりする子どもも出てきた。そうした子どもたちが共通して話していたのは「もっと，あるきたい！」という言葉である。この言葉が，活動が生まれるきっかけであった。

歩いた歩数だけでなく，その距離も示してくれる万歩計。この距離をつなげたら，「どこまでもいけるのではないか？」という思いが子どもたちに芽生えたのである。そして，子どもたちは，同時に行っていた活動の中で青森県の「ねぶた祭り」の存在を知った。ねぶた祭りのある青森県のことを調べていくうちにその地域の魅力にも引き込まれていった。子どもたちからは「あおもりまでいきたい」という思いが生まれ，歩数の上で青森を目指すこととなったのである（写真7-5）。

活動の中で多くの学びや気づきが生まれてきた。万歩計に示された数字，地図に示された都道府県の名前の文字。子どもたちの「知りたい意欲」が沸き上がる。ICTを活用して，歩いた先の現地の人とつながり，方言，自然を知り，「さまざまな文化」に触れ，多くの新鮮な感動を味わう。そして，さらなる興味が広がり，「多様性を受け入れる」ことの芽生えへとつながりを見せる。子どもの「ねぶたまつりをみたい」という想いに共感し，その後実際に親子で青森までねぶた祭りを見に行った家族もいた。まさに，「保育園が家族の団欒の真ん中」になった瞬間であった。さらに，「ねぶたまつりのえをかきたい！」とMyペインティングと名付けた絵を描く表現活動（写真7-6）につながった子どもや，オリジナルの日本地図を作った子どももいた。

クラスAとBの2つの実践は，「集める」「歩く」といったシンプルな活動かもしれない。しかし，保育者がどんな言葉をかけ，どんな環境設定をするのかにより，子どもたちが夢中になり，学びや気づきが増えていく。だからこそ，「もっとこうしてみよう」「こんなものがあるといいな」といった学びの種まき，環境設定が必要である。保育者たちは，自らが設定した環境のもとで，子どもたちが育っていくことを目の前で実感することができる。

このような子どもの発話と保育者との対話による保育の展開によって，多様な子どもの育ちにつながり，社会的な課題について子どもたちと共に考えることができるようになる。これこそが保育の醍醐味であり，保育者の「頑張りやすさ」を支えているといえる（写真7-7）。

写真7-6　「ねぶたまつり」の絵を描きたい

4-3　質の高い保育を目指す人材育成

　茶々保育園グループの人材育成のポイントは2つある。それは「アウトプット」と「オープンソース」である。「アウトプット」とは，保育者が成長を遂げる瞬間は知識や技術を見聞きしインプットしているときではなく，自らの言葉や行動を通して表現・発信しているときにあるのではないかという考え方である。そこで同グループでは，座学で学ぶことよりも，保育者が自らの知識の体系を活用してまとめを行い，その内容を自らの言葉でプレゼンテーションをすることを多く取り入れている。また「研修」という言葉の持つ受身的なイメー

写真7-7　学びの種まきからの保育の展開

写真7-8 指さしから興味が膨らむ

写真7-9 パペットが関係を広げ深める

ジを排し,「ゼミ」と呼ばれる様々なテーマごとに主体的な学びを深める場を作っている(例：表現活動ゼミ，保育デザインゼミ，暮らしのしぐさゼミ，木工ゼミ等)。

「オープンソース」とは，これまで同グループが培ってきた経験や保育現場での具体的展開方法を公開し，様々な方々からのフィードバックを貴重なご意見として受け止めて改善に努めることである。以下は,「アウトプット」と「オープンソース」による保育の具体的展開方法を発信した保育実践である。

4-4 「アウトプット」と「オープンソース」によるアクティブラーニングの展開

4月に新設したばかりの園では，すべての子どもが不安な気持ちを抱えながら入園してくる。子どもたちのために，心が揺さぶられる人・物・場，つまり「環境」の用意が同グループの合言葉である。「興味の種まき」は園内各所で行っている。次の実践Cは，1歳児の実践である。猫のパペットに興味を持った1歳児のB君は，少しずつ興味の広がりを見せていく。散歩先では，保育者が隠した猫のパペット探しをしたり，室内では，猫の出てくる絵本へ興味を示したりと活動がつながる。さらに，自ら保育者に関わる姿も増え,「ネコさんいたね。今度はクロネコさんだね。B君の洋服は白だね」とB君自身が見つけた猫を言葉にする中で，保育者との関係が深まり，信頼関係につながっていく。さらにB君の興味は膨らみ，友達の洋服の猫を指さしながら「いたね〜」と自ら友達と関わるようになり，名前を覚えるようになる。ひとつの関心から，様々なつながり，関係の広がりがなされていくのである (写真7-8)。

子どもが学ぶためには，安心感が必要である。子どもは，自分が肯定的に受け止められ，興味を理解してもらい，認められ，興味・関心に向かって行動する喜びを味わっていく。本実践を通して，保育者は，子どもとともに"オト

ナ"としての関係構築の重要性に気づき，さらに関係を拡大し深めていくのである（写真7-9）。

「興味の種まき」は，幼児クラスでも展開される。次の実践Dは，お相撲さんとの出会いから，強い，大きいと感じとる。相撲大会から，勝ちたい気持ちが芽生え，ご飯をたくさん食べて大きくなりたいという想いが生まれる（写真7-10）。そして，園庭にある食べられるハーブや野菜を知り，「苦い」「おいしい」といった野菜そのものの味を知り，自ら苦手な食材も少し食べてみようとする意欲へつながる（写真7-11）。さらに，お米とぎといった生活を営む経験をする中で，「ご飯が炊けると水がなくなる」「湯気は熱い」「ご飯は増える」といった変化に気づき，「なぜだろう」といった疑問が子どもたちから生まれてくる（写真7-12）。あるとき，ご飯を炊く前はついていなかった上蓋に水がついていたことに気づく。疑問は解決されなかったが，ある日の子どもたち自ら楽しむお茶会で，ティーポットにお湯が入ったのを見て新たな発見があった。蓋を閉めると湯気が上がり，水滴がつく。「これっていっしょだね」。炊飯器とティーポットの上蓋に水がついたことを同じ事象であることを発見する（写真7-13）。やがて，この学びは，「いずれ地球上の水が雲になり，雨になる」といった水の循環やその先の宇宙への興味の広がりに発展する。

以上のように，子どもたちの興味・関心から，体験の積み重ね，考えること，気づくこと，知ることと広がっていく。このような子どもたちの体験は，保育者の「興味の種まき」から芽生

写真7-10 お相撲さんみたいに大きくなりたい

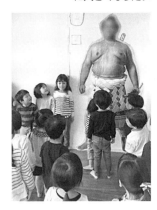

写真7-11 野菜作りが食べる意欲に

写真7-12 お米を炊いたら上蓋に水がついていた

写真7-13 同じ事象の発見

え，環境を整えていくことがアクティブラーニングの出発点である。子ども自身の「やってみよう」という主体的な活動と保育者との「対話」から気づきや疑問を自己省察することが保育の質の向上につながる。同グループでは「アウトプット」と「オープンソース」により，保育リーダーと同僚の「循環的」な対話の中で学びあいが展開される。この「循環的」な学びは，保育者自身の学びの促進と質の高い保育を追求する礎となっている。

4-5 茶々保育園グループの子育て（地域）支援

同グループでは，人びとのつながりこそが子どもと社会の接点になるという思いから，様々なコミュニティ作りに努めている。毎日の子育てに奔走する保護者の方々に保育・教育内容の適時の発信や双方向のコミュニケーションを活性化するための連絡帳アプリ"kidsly"[5]の導入により園と各保護者とのやりとりが園全体や保護者同士の連携にまで発展することや，子どもたちの毎日のいきいきとした活動の姿が祖父母や赴任中の父親などへリーチする効果を生んでいる。

また，地域の方々との接点として保育園に「ちゃちゃカフェ[6]」という交流スペースを併設することにも取り組んでいる（写真7-14）。茶々保育園グループが茶畑の中で生まれ，お茶の名産地をルーツに持つからこそ，お茶がとりも

写真7-14 ちゃちゃカフェ

つコミュニティ社会の原型を保育・教育の出発点としたい。そして保護者がその人自身の時間を過ごす時間を送迎時に楽しんでもらいたい。このような思いから開設をした。「ちゃちゃカフェ」には様々な思いを持つ地域住民の方々が老若男女問わずに集まり，快適な雰囲気の中で新たなつながりが生まれている。このようにコミュニティ作りはまさにコミュ

ニケーション・デザイン，つまり様々な人びとの関係性をデザインしてゆくことに他ならないのだと考えている。

5 おわりに

　本章では，乳幼児期の保育・教育の促進，就学前施設の取り組みを紹介し，今後の就学前施設における人材育成について検討することが目的であった。昨今の保育者不足の問題に対して，保育者の処遇改善が促進されている。保育者の処遇改善のために公金が投入されることは，現場にとってはプラスであろう。しかし，処遇改善は賃金の問題だけでなく，保育者にとって「頑張りやすい職場」，保育の質を保育者が主体的に追求することが可能な環境を構築することでもあろう。事例に示されたとおり，保育の仕事は，クリエイティブな仕事である。また，多様な人間同士の関係性をデザインしていく仕事でもある。

　茶々保育園グループでは，「オトナな保育園」をコンセプトとしてその価値観を共有すべくマネジメントが行われている。また，保育の専門家である保育リーダーのリーダーシップにより，保育の質の確保と向上が図られている。このように，マネジメントの専門家と保育の専門家が相互にバランスをとりながら，乳幼児期の学びを持続的に保障し，質の高い保育者の人材育成，地域社会への貢献が行われているのである。

　また，子どもたちからの興味・関心から出発した保育は，「子どもの権利条約[7]」を保育の基礎とし，世界が抱えている問題である「持続可能な開発目標（SDGs）[8]」に対してもチャレンジしている。このような茶々保育園グループの取り組みからは，現在の就学前施設が抱えている問題に対する解決に向けた示唆を得ることができるであろう。

　以上のように，子どもの最善の利益のため，保育の「質」と「量」を保証していくためには，保育のスペシャリストとマネジメントのスペシャリストが専門性を補い合いながら地域の子育て家庭の福祉を支えていく必要があるのではないか。

　【付記】　本章は，5名の著者が協働で執筆した。1，2，3，5 は齊藤勇紀，4-1，4-3，4-5 は迫田健太郎，4-2 は迫田圭子・小野翔彌，4-4 は迫田圭子・篠田珠弥子が責任として分担執筆を行った。また，児童の写っている写真については，保護者より許諾を得て使用している。

1) 「子ども子育て新制度」については内閣府HP参照（http://www8.cao.go.jp/shoushi/shinseido/）。
2) 認定NPO法人フローレンスHP参照（http://byojihoiku.florence.or.jp/）。
3) ソーシャルインクルージョンについては特に本書里見論文（6章）を参照のこと。
4) 社会福祉法人あすみ福祉会茶々保育園グループHP参照（https://chacha.or.jp/）。
5) kidslyについては，株式会社リクルートマーケティングパートナーズ参照のこと（https://kidsly.jp/index.html）。
6) ちゃちゃカフェについては茶々保育園HP参照のこと（https://chacha.or.jp/cafe）。
7) 子どもの権利条約（https://www.unicef.or.jp/about_unicef/about_rig.html）。
8) 持続可能な開発目標（SDGs）については国際連合広報センターHP参照（http://www.unic.or.jp/activities/economic_social_development/sustainable_development/2030agenda/）。

第8章

コミュニティに根ざした喫茶店「ホリデー」の就労移行支援と経営
――精神障害者の就労と定着を可能にするデザイン――

海老田大五朗・野﨑智仁

1 はじめに[1]

　精神障害者の支援の転換点とされるのが，ストレングスモデルの発見である。サリービー（Saleebey 1996）が，「私たちの文化や支援専門家には，人の状態を理解する際に，個人・家族・地域社会の病理，欠陥，問題，異常，犠牲および障害に着目するアプローチが染み込んでいる。この事実を認識することが，ストレングスをいっそう重視した実践へと転換させる推進力のひとつとなる」と述べ，人びとの弱さにのみ注目する支援から人びとの強さ（ストレングス）に注目する支援へと，支援実践における着眼点の転換を促して以降，障害者福祉だけでなく地域福祉の文脈においても，地域のストレングスを活かした支援の重要性が指摘されている。たしかに障害者とは何らかの困難を持つ人たちの総称であり，その困難だけに着目したところで困難が困難でなくなるわけではない。何らかの困難を持つ者たちが地域で自立して生きていくためには，その困難を補うための強さが必要なのは当然であるし，障害当事者や地域の強みを活かした支援をすることで，精神障害者の地域での自立が見込めるようにするのは理にかなっている。このような，支援における着目点の転換を促すストレングスモデルの理念は，穏当な主張といってよいだろう。だが本章は，ラップとゴスチャ（Rapp & Goscha 2006＝2014）のような，「熱望」「能力」「自信」を数値化してストレングスモデルの数式を使用する研究ではない。本章では，スト

レングスモデルの「人びとの弱さにのみ注目する支援から人びとの強さ（ストレングス）に注目する支援へ」という支援実践の着目点の転換を尊重しつつ，支援実践そのものを詳細に記述する研究方針を採用[2]する（採用理由については後述する）。

　本章の目的は，就労支援事業所喫茶店「ホリデー」（以下ホリデー）において，フィールドワークによる観察やインタビューを駆使することによって，地域のストレングスを活かしたカフェの就労支援実践，とりわけ，内外装の装飾やホリデーに置かれている家具や小物の造形，レシピ作成上の工夫などを明らかにすることである。本章の特徴のひとつは，研究者である海老田と支援実践者であった野﨑との共同研究という形をとることである。野﨑はホリデーの元責任者であり，本調査のインフォーマントでもある。本報告は，この2名のコラボレイトによってなされた研究である。したがって，本研究では海老田が野﨑へのインタビューによって引き出した語りも，あるいは野﨑から海老田に対してなされた説明も，原則的にはそのまま地の文として取り込んでいる。

2　ホリデーについて

　本章の調査対象となるホリデーは，1999年にNPO法人の認証を受けた那須フロンティアが運営母体となっている。ホリデーは，精神障害を抱えた利用者が一般企業に移行するために設けられた，職業訓練場としてのカフェである。ホリデーは，働きながら社会で自立するために必要な技術・能力を習得する機会を提供すること，病気とつきあいながら，本人が無理せず安心して過ごせる場を提供すること，喫茶店として地域住民，一般の方に身近に利用してもらい，地域社会の精神障害者に対する理解を深めていくことを目的として設立されている。ホリデーの特徴のひとつに，荻原喜茂理事長や野﨑がそうであるように，作業療法士が多く所属し，組織の中心的役割を果たしていることが挙げられる。「諸外国と比べれば，日本における専門職としての作業療法士はできることがたくさんあり，そのポテンシャルをまだまだ発揮できていない」というのが荻原理事長の持論である。また，多様な立場の者で構成されている。理事の一人は自らも芸術活動をし，草間彌生との親交があったりと，芸術方面にも詳しい者もいる。安定した法人運営がなされているが，他業種との兼業者も多く，複数の名刺を持つ支援者も多数存在する。

2-1　ホリデーの福祉的成果

　就労移行支援[3]とは、「一般就労等を希望し、知識・能力の向上、実習、職場探し等を通じ、適性に合った職場への就労等が見込まれる障害者（65歳未満の者）」のうち、「企業等への就労を希望する者」を対象にした支援である。就労移行支援施設でのサービスは、「一般就労等への移行に向けて、事業所内や企業における作業や実習、適性に合った職場探し、就労後の職場定着のための支援等を実施」することで、「通所によるサービスを原則としつつ、個別支援計画の進捗状況に応じ、職場訪問等によるサービスを組み合わせ」ることが認められており、「利用者ごとに、標準期間（24ヶ月）内で利用期間を設定」される。2015（平成27）年2月の段階で、日本全国には2952の事業所があり、2万8637名の利用者がいる。

　ここでは「1年間に何％の利用者が一般企業に移行できたか」という達成率が、目標達成としてのひとつの指標になる。精神障害者の就労移行支援における一般就労の移行率の全国平均が例年15％程度なのに対し、2016年度のホリデーの一般移行率は80％以上[4]と、全国平均に比べ5倍以上のパフォーマンスを達成している。さらに驚くことには、ホリデーから就職した人びとの2016年度就労定着率は93.3％[5]という数字である。

　福井ら（2014）によれば、2011年までの10年間の離職率の平均は、身体障害者では約12％、知的障害者では約9％であったのに対し、精神障害者は約44％であった。精神病そのものが退職理由に直結しがちな障害であることを考えれば、精神障害者の離職率が他の障害と比べて突出して高いこと自体にそれほど驚きはない。驚くべきは、ホリデーの就労定着率[6]のほうである。

2-2　支援事例の紹介[7]

　Bさんという40歳前後の女性の事例を見てみよう。Bさんは統合失調症を患っているが、障害者手帳を所持しているわけではない。32歳までは職場を変えながら病気・障害を伝えずに働いていたが、なかなかうまくいかなかった。その後、体調を崩し、入院や自宅療養をしていた。38歳のとき、体調が安定してきたこともあり、医師の紹介でホリデーへ通所することになった。当初、職場という環境に対して緊張しやすく、細かい作業が苦手であった。仕事が手につかないことも多く、それを認識すると意欲や自己評価が低下し、休みがちなときもあった。しかし継続してホリデーへの通所は続け、同じ作業を何度か繰り返すことで、一定の作業精度で安定的に遂行できるようになった。

そのような状況の中，A商店（製麺所）の雇用の話があり，Bさん自身も好機と捉えてチャレンジすることとなった。雇用前実習として3か月の期間を設けた。雇用前実習期間を設ける理由としては，Bさんより「できるかどうか不安」との訴えがあったことや，A商店にも現実的に一人の戦力として雇用できるかを考える期間が必要であることが挙げられる。雇用前実習期間業務として，ライン作業による鍋焼きうどん盛り付けや清掃がBさんに任された。就職時に1日6時間働くことを目指していたため，実習時間を1か月目は4時間，2か月目は5時間，3か月目は6時間と徐々に延長するというように就労時間が調整された。実習当初は緊張が強く，ボーっと立ち止まってしまったり，作業スピードも追いつくのがやっとの状態であった。しかし同じ作業を繰り返すことや，現場職員からの声掛けも積極的に行われたため，徐々に安定していった。そして実習の結果，正式に雇用された。

　正式採用後もホリデーの支援は続いた。Bさんは製造ラインを止めてしまうことがあったため，鍋焼きうどん盛り付けのスピードアップが課題となった。そのため作業場面をビデオに撮り，録画された映像を検証したところ，ライン上で，唐辛子と天ぷらを乗せるのを，片手で実行していたことに気づいた。これに対して，両手で作業したほうが良いという指導がなされ，Bさんもそのことを認識し練習したところ，製造ラインを止めることがなくなった。

　しかしこのような作業方法の改善にもかかわらず，Bさんは徐々に抑うつ状態を呈するようになり，月1回程度欠勤するようになった。質問紙にあった「自分は役に立つ，働ける人間だ」という項目にも否定的な評価をしていた。これに対し，支援者側が施した方策は2つである。ひとつは，職場の社長や同僚の協力を得ながら，Bさんに与えられた役割を繰り返し伝えた。ポイントは支援者が直接Bさんを励ますのではなく，同じ職場の人に協力を得ることだ。「この会社にはあなたが必要です」という声がけは支援者より会社の社長や同僚からの方が力を持ち，かつ雇用先にはBさんの就労のための協力を促す仕掛けになっている。もうひとつはBさんに，これから就職を目指すホリデーの後輩たちに向け，体験談を話すという仕事をお願いしたことだ。Bさん自身にはこれまでの努力を振り返り，「後輩のためにもがんばろう」という連帯を生み出すきっかけを与える。この2つの働きかけのあと，以前は欠勤することに対して「私が行かなくても会社は大丈夫だと思う」と発言していたのが，「最近は忙しくて残業もあって，なかなか休みにくくなりました」と，A商店に貢献しようとする姿勢がBさんに見られるようになった。

2-3　就労支援施設がカフェであること

　就労継続支援 B 型事業所等での工賃水準を向上させるための取り組みは，各都道府県において，工賃倍増 5 か年計画（2007 年度～2011 年度）に基づき実施されてきた。2012 年度から 2014 年度にわたり「工賃向上計画支援事業」もされてきた。こうした就労継続支援などにおける「工賃向上」の掛け声のもと，近年の就労支援施設はカフェやパン屋などの飲食店を併設し，飲食業や接客業などの職業訓練の場として地域に開かれた場を設置しているところが多く見られるようになった。カフェを設置することで就労支援施設の事業収入を増やす目的がある。こうした飲食店併設型の契機といわれるのは，スワンベーカリーの登場である。小倉（2003）によれば，スワンベーカリーは，ヤマト福祉財団独自の障害者雇用支援事業であり，「アンデルセン」や「リトルマーメイド」などのパン屋を全国展開するパン製造・販売大手のタカキベーカリーから，冷凍パンの技術供与を受け，株式会社スワンの直営店あるいはフランチャイズとして，ベーカリーとカフェを全国展開している。ヤマト福祉財団理事長の小倉を動かしたのは，まさに月額 1 万円程度の低工賃で働いている全国の障害者の置かれている状況への憤りそのものであった。

　しかしながら，こうしたカフェを就労支援施設に併設したからといって，ただちに就労移行支援がうまくいくわけではない。岡（2012）は，障害者を多く雇用するあるパン屋が成功したので，他の就労支援事業所でもベーカリーカフェを開設したが，その多くはうまくいかなかったことを指摘している。精神障害者が働けるようになるためには，また，ひいては福祉的就労ではなく一般企業で働くためには，他所での実践を真似るだけではうまくいかず，利用者や相談員，就労支援施設のある地域に最適化されたいくつもの創意工夫や微調整が必要となる。ホリデーに入店する一般客は，ホリデーが就労支援施設であることを知らずに入り，そのまま気づかずに店を後にすることが少なくない。ホリデーに入店する一般客にとって，ホリデーはあくまで飲食を楽しむカフェであり，就労支援施設ではない。注目されるべきはまさにこの点にある。要は，説明されなければ気づかれない程度に，客が「雰囲気を楽しむカフェ」であることと，「精神障害者の就労支援施設」が両立しているのである。日本で精神障害者支援に飲食業を取り入れた先駆者の一人である松浦（1997：2002）の「クッキングハウス」と異なるのはこの点で，「クッキングハウス」が「心病むひとたちの心安らぐ居場所」であることに専念しているのに対し，ホリデーは精神

障害者が地域に出て働くことを支援することが中心である。

2-4　ホリデーの収入構造

経済産業省のソーシャルビジネス推進研究会によれば，社会的企業の収入構造は次の3つ，①「事業収入」，②「行政からの収入（助成，補助）」，③「その他の財源（増資，寄付，会費）」（経済産業省 2010）に分類できる。速水（2011）によれば，日本版ソーシャルビジネスの代表格ともいえるNPOフローレンスの場合，①：約73％，②（ただし行政助成ではなく民間助成）：約16.1％，③（寄付金）：10.7％となっている。NPO法人パレットグループ（2005年，収入約1億円）の場合，①：25.67％，②：64.7％，③（寄付金，会費）：9.6％となっており，「認知度の高いソーシャルビジネス事業とはいえ，一般企業に比べると，補助金・助成金・寄付の依存率はかなり高いといわざるをえないのが現状である」（速水 2011：68）。

他方，ホリデーの収入構造を見ると，2016年度の総収入は，約3000万円[8]であり，喫茶収入が約650万円，障害福祉サービス費収入と助成金収入を合わせて約2300万円，その他が約50万円となっている。比率になおすと，①：②：③がおおよそ①6.5：②23：③0.5となり，著名な社会的企業と比較しても，②の比率はそれほど高くはない。他方で，いわゆる社会福祉系の就労移行支援と比較すると，明確に異なるのは，カフェにおける①事業収入の比率の高さだろう。

3　デザインの記述

3-1　地域のストレングスを生かした就労支援

ホリデーは栃木県の黒磯駅から徒歩5分の商業地域に位置している。ホリデーの敷地前の道路は道幅が8メートル程度あり，向かいには寿司屋がある。ただし商業地域ではあるものの，住宅に隣接しており，人通りや車もそれほどたくさんの往来があるわけではない。黒磯駅前は，以前は在来線の乗り継ぎ駅として栄えたものの，近年は隣に那須塩原という新幹線停車駅ができたこともあり，年々さびしくなってきている。コミュニティに入り込み，かつコミュニティに開かれた就労移行支援とは，コミュニティの課題を共有することでもある。たとえば駅前活性化，労働力の減少などのコミュニティの課題は，当事者である精神障害者や支援者であるホリデーの課題でもある。コミュニティの損

益は，自分たちの損益に結びつく。

　このような商業地区の労働力の減少が進む中，黒磯駅前活性化事業にホリデーの職員や利用する当事者がともに参加している。たとえば，黒磯駅前の清掃や花壇の手入れや，黒磯駅前の町興しイベントを中心に，ホリデーが出店するような試みをしている。この出店こそが地域のストレングスを生かすための最初のしかけである。駅前に出店することは，カフェの売り上げを伸ばすことだけが目的ではない。出店したときに隣接する一般の商店との関係を作ることも目的となっている。一般の商店との関係を作ることで，その商店の主に人的資源に関するニーズを引き出すことが可能になる。つまり「繁忙期はいつで，この時期は人手がほしい（が，普段継続的に人を雇用する余裕はない）」などの人的資源に関するニーズを引き出すことで，「ホリデーの利用者を実習生として使ってみませんか」という提案をするのだ。また，出店することで，仮に精神障害者であったとしても，ちょっとした配慮があれば十分に働くことは可能であることを示すことができる。たとえば販売員などの仕事を任せ，その任された仕事を遂行させる。隣接する商店との関係を作っていくことで，人的資源に関するニーズを引き出し，利用者たちの能力を示すことによって，就労支援のための実習先を確保しているのである。

　現在，ホリデーの就労支援のための実習先は，製麺所や米問屋，他の洋菓子店の補助，宿泊地などの清掃業，酪農業，乗馬場でのサラブレット飼育，介護施設での介護補助や事務業務，フットサル場の管理など，多岐にわたっている。実際に実習が正規採用につながることもある。こうした一般企業での実習先を確保したり，実習をコーディネートすることは，就労移行支援における最重要業務のひとつである。また，実習協力先を確保することは，就労移行支援実践におけるもっとも難しい業務のひとつでもある。実際，ホリデーの高い移行率を支える最大の要因として，実習中心の支援ができるということが想定される。就労支援施設の職員は，実習先を確保できた時点で正規採用に大幅に近づいたという見通しを立てている。それはどまでに，施設外就労を可能にする実習先の確保は，就労移行支援にとって重要なのだ。

　一般企業での実習中心の就労移行支援が可能なのは，ホリデー自体が常に地域や一般客に開放された環境であり，かつホリデーが恒常的に実習先の確保に努めているためであろう。ホリデーのある地域や，地域に根ざす一般企業やその企業に勤めている人びと，一般客を就労支援のための社会資源として徹底的に活用する支援の仕組みになっている。本項でいう地域のストレングスを活か

写真8-1　ホリデーのテラス席

写真8-2　テラス席のテーブル

した支援とは，実習に協力してもらえる企業を確保する仕組み作りとほぼ同義である。

3-2　内外装の装飾やホリデーに置かれているマテリアルの作成

①建物，内装，テーブル，椅子

　ホリデーは中古の一軒家をリフォーム（写真8-1参照）して作られている。別棟には活動室や相談室が設けられており，管理委託を受けている石蔵もある。決して新しい建物とは呼べないのだが，その骨組みや間取りなどの基本構造以外のリフォームは基本的に自分たちでなされている。客席は完全屋内にテーブル席が2セット，カウンター席が約10席分ある。半屋内であるテラス席（写真8-1，8-2参照）にはテーブル席が7セットある。テラス席は庭に隣接しており，扉を開けるとすぐに庭に出ることができる。屋外である庭にもテーブルが1セット（写真8-3参照）あり，天気が良い日はそこでも食事をとることができる。

　興味深いのはホリデーで使用されているテーブルや椅子である。特にテラス席で使用されているテーブルや椅子（写真8-2参照）がわかりやすい。よく見るとテーブルも椅子も不揃いであり，一部の物は角が欠けていたり，椅子やテーブルの脚が錆びているなど，軽微な破損もある。たとえば**写真8-3**のテーブルは，廃棄予定だった板に修復を加え，精神障害者である利用者と常勤スタッフが協働して作成されたものである。よく見ると一枚板が割れているテーブルもあり，その割れた板を修復して利用している。そのようにして入手し，自分たちで手直しをしたテーブルや椅子が並べられている。中には廃校になった学校から入手した椅子などもある。いくら手直しをしたからといって，こうした不揃いで軽微であれ錆が見られるようなテーブルや椅子を飲食業店で並べるのは，適切ではないと思われるかもしれない。しかしながら，これが不思議なほ

どテラス席のスペースと調和が取れていて，注意深く見なければ椅子やテーブルが不揃いであることに気づくことすらない。

写真8-3　庭にある手作りのテーブル

このようなテラス席におけるテーブルや椅子の配置には，ひとつの考えが反映されている。一部の破損などがあるからといって，ただちに不要なものとはみなさず，空間配置の方法や部分的な修正などの創意工夫によって，そのような古びたものや不揃いのものを，その空間全体の中で調和させるというものだ。ホリデーで使用されているテーブルや椅子は，「ある種の欠損があったとしても，調整や配置によって心地よい空間を生み出す資源」として再活用されている。

写真8-4　テーブル上の小物

ホリデーにおいて，特に目を引くのが豊富な小物や装飾品である。たとえば写真8-4にあるような観葉植物は，自然豊かな黒磯駅地区のストレングスが活かされていると言えよう。これらの植物は，購入されたものではない。カフェの支援者の言葉を借りるならば，「そこらへん（主に庭など）に生えているものをブチッと抜いてきて活けるだけ」である。こうした豊富な観葉植物の設置は，庭などの屋外との連続性ないし調和をテラス席にもたらしている。

写真8-5で確認できる天井の布を見てみよう。この布は，テラス席の天井に貼られているものなのだが，テラス席の屋根はよく見るとわかるとおり，透明なプラスチック素材で作成されている。だが，夏になると日照によってテラス席がとても高温になってしまうというトラブルが生じた。そこで対策として天井板を貼るというアイデアも出されたのだが，せっかくの明るさや開放感が犠牲となってしまう。そのような悩みを抱えていたとき，あるカフェ好きの利用者から「布を張るとおしゃれでよい」という提案を受けた。そこでこのようなベージュがかった白色の布を張ることで，明るさや開放感を損なうことな

写真8-5　天井の布

く，熱を導いてしまう紫外線などをカットすることに成功したという。

　ここでとられた対応策についても少しの考察をはさんでみたい。透明のプラスティック素材によってテラス席が高温になってしまうのであれば，「日照をシャットアウトする」ということが第一の選択肢として挙げられそうであるし，実際に挙げられた。しかしながら，その選択をしてしまうと，確かに熱はシャットアウトできるものの「明るさや開放感が損なわれてしまう」。そこで出された代案が布の使用である。この布を使用することで，余計な熱をこもらせてしまう紫外線をカットし，なおかつ明るさや開放感を犠牲にせず，さらには美的にも優れたインターフェイスを生み出すことに成功している。つまり，二者択一的な選択をするのではなく，トラブルを解決しつつ，美的なものを犠牲にせず，むしろトラブルの対応策と美的センスを両立させるような選択がなされている。「二者択一的な選択」ではなく「二者両立を志向する」方策は，「取捨選択を志向する」のではなく「最適の選択を志向する」という点において，商業的な意味でのデザインに限定されない，技術上のディテール，機知や良識，創意工夫という，従来的な意味でのデザイン（Rawsthorn 2013＝2013：16-49，海老田他 2015；2017 を参照のこと）といえるだろう。ホリデーにあるマテリアルの一つひとつがこのようなデザインであふれている。

3-3　レシピ作成における仕掛け

　ホリデーで提供される飲食物（写真8-6参照）について見てみよう。相談支援専門員などの専門職者は就労支援の専門職者であって，飲食業やカフェ運営の専門職者ではない。カフェの支援者の言葉を借りれば，「自分たちの力だけではたいしたものはお客様に提供できない」。しかし，だからといってホリデーでは粗末な食事を提供しているわけではない。実は，提供する料理のレシピについては自分たちで生み出すのではなく，地域のボランティアから提供いただいている。地域には，カレーライスやホットサンドなどの料理やケーキなどのスイーツを作成できる人びとがたくさん存在している。実際に飲食業者として

働いていたがすでにリタイアされた人もいる。こうした地域に根ざすボランティアを活用することで，飲食業専門職者に劣らない商品の提供が可能になっている。地域のボランティアこそ地域のストレングスである。

写真8-6 ホットサンド

こうした地域のボランティアを活用することでもたらされる効果は，「より良い商品を提供できる」，「商品開発のための経費を抑えることができる」といった商品と金銭の直接交換に関わるものだけではない。このような商品開発を支援したボランティアが，友人や知人などを伴って，ホリデーにお客として来店する仕掛けにもなっている。つまり，商品開発に地域のボランティアを活用することで，より継続的に来店する一般客の確保にもつながっている。一般客が増えることによってもたらされる効果は，経済経営的な金銭的利益だけではない。これは精神障害者と健常である一般客の接点が増えることを意味している。文字通り人と人とのつながりを増やすことにもなる。

メニュー表にある値段設定にも注目してみよう。主なメニューとして，コーヒー1杯が500円弱，カレーとドリンクのセットが約1000円となっている。運営主体が気をつけていることは，「地域の同業他店に迷惑をかけるような値段設定をしてはならない」ということである。運営主体はNPO法人であり，商品の値段を「商品材料の仕入れ値＋α」程度に設定することも可能である。しかしながら，このような値段設定をしてしまうと，地域のお客をすべて回収してしまい，かつ，さばききれないほどの客を招き入れてしまうおそれがある。逆に値段を高価に設定してしまうと，一般客が全く寄り付かなくなる。つまり，ホリデーにおける商品の値段は，一定の集客が見込め，かつ「地域の同業他店を圧迫するような値段設定をしてはならない」ということをひとつの基準に設定されている。

このようなレシピの作成や値段設定にしてみても，地域のボランティアを頼り，地域の同業他店に迷惑がかからないといった工夫や調整，つまりデザインがなされている。

4 結　論

4-1　ホリデーにおける就労支援実践についての考察

　NPO法人が運営主体である以上，カフェを運営する費用には限界がある。営利目的でカフェを運営するわけではなく，精神障害者の就労支援の一環としてのカフェ運営である。したがって，内外装の装飾やホリデーに置かれている家具や小物，レシピ作成上の工夫などに対する予算は相当限られたものになる。つまり，地域のボランティア（≒ストレングス）を最大限に活用することは，NPO法人が運営するカフェとして，経済面で最適化されることになる。他方で，支援員などの専門職者は就労支援の専門職者であって，カフェ運営の専門職者ではない。そこで，内外装のデザイン，小物，レシピを考えることが好きなボランティアを募り，参加してもらったボランティアにはそれぞれの得意な分野（≒ストレングス）でのアイデアを提供してもらう。ボランティアは基本的に自分の好きなこと，趣味の延長で手伝いをするような負荷の少ないボランティアの組織化になっている。ここにひとつの調整や工夫が見てとれる。募集するボランティアと，ボランティアが担う作業のマッチングが双方の嗜好に最適化されている。ボランティアの作業や業務はボランティアへの義務的負荷が最小化される工夫として，ボランティアの得意なこと，好きなことが活かされるように調整されており，なおかつカフェの内外装・小物・レシピが支援員のみでは提供できないサービスを，商品開発への投資なしで提供を可能にしている。

　ホリデーにおける，このような最適化の志向は，ボランティアの組織化に関わることだけではない。上述したテラス席のテーブルや椅子の作成方法や天井の布の工夫，レシピの仕掛けのように，ホリデーでは，あらゆるトラブルが二者択一的な選択ではなく，たとえ何らかのトラブルがあったとしても，最適化される方向で調整される。こうしたデザイン＝最適化志向は，実はホリデーにおける精神障害者の就労支援の考えそのものである。精神障害者の困難だけに注目してしまえば，一般企業での就労を諦めざるを得ない現実がある。しかしながら，精神障害者本人のできることや地域のストレングスに目を向け，そのストレングスを活用した精神障害者の就労が，一般企業のニーズと調和されるように調整されれば，たとえ何らかの困難があったとしても，精神障害者の一般就労は可能になる。

地域のストレングスを活かしたホリデーは，文字通り地域の人びとの集いの場になっている。就労支援事業所とは認識せず，一般のカフェとして来店する客が多い。このこと自体が，精神障害者への偏見を取り除く地域への啓蒙活動にもなっており，週末や祝日にはこのカフェで講演会，ライブ活動，ステンドグラス作成のためのワークショップなどのイベントも実施されている。黒磯駅前など地域でのイベントがあればホリデーも出店し，隣接する他店との交流を深め，就労の機会を得ている。ホリデーは，精神障害者の就労支援のための地域の拠点として機能している。精神障害者の就労移行支援施設と雰囲気を楽しむカフェが両立しているのである。

4-2　ストレングスモデルと本研究の関係についての考察

　最後に，本研究とストレングスモデルとの関係について考察し，本章のまとめとする。NPO法人那須フロンティアでは，地域住民のストレングスを様々な場面で活用しており，その巻き込み方も対応する職員によって多種多様である。地域住民への依頼は，事業所運営の中で生まれる細かな困りごとに対するものが多い。具体的には，カレーのレシピ作成，店内に置く本の選別，喫茶店でのイベント企画，焼き菓子の販路，訓練実習の確保などが挙げられる。本研究は，研究者がストレングスの定義を行い，ストレングスの特定や使用から成功事例を報告するものでもない。なぜなら，上記の地域住民の巻き込み以外にも，ホリデーの特徴的な就労移行支援の仕方として企業実習（施設外実習）がきわめて多いこと，就職者OBOG会の定期開催，第1号職場適応援助者（ジョブコーチ）支援の実施など，これらの支援方法をストレングスとしていくらでも挙げることはできるからだ。つまり，支援方法を遡及的に見れば，あらゆるものがストレングスになりうる。したがって，遡及的にストレングス探しをすること自体ナンセンスであり，そのような研究方針をとることはできない。
　ホリデーの就労移行支援のハイパフォーマンスの理由を，単一ストレングスや複数のストレングス因子の組み合わせによって説明することも難しい。なぜなら，いくらストレングス因子を活用したところで，あらゆる精神障害者にそのストレングス因子がストレングスとして機能する保証などどこにもないからである。精神障害者への支援方法は，一人ひとりが抱える困難に即して最適化されなければ，支援は成り立たない。ストレングスモデルをモデルとして支援に当てはめること自体には，支援実践にも研究そのものにとってもほとんど意味がない。同様に，「ストレングスの定義」は研究者が定義すればよいという

ものでもない。ストレングスは，精神障害者本人者やその支援者によって見出され活用されることで，はじめてストレングスとして機能するからだ。

　本章が目指したのは，高い就労移行率や就労定着率をほこるホリデーの実際になされている就労支援に見通しを与えるような実践を記述することであり，ホリデーの支援実践の中にある説明可能なデザインを記述することであった。

　【謝辞】　本研究は，JSPS 科学研究費補助金（平成 27 年度　若手研究（B）；課題番号 15K17229）の助成を受けた研究成果の一部である。調査協力いただいた特定非営利法人法人那須フロンティアの関係各位に最大の感謝の意を表す。また，本研究は社会言語研究会や新潟教育福祉心理研究会にてピアレビューを受け，たいへん有益なコメントを得た。当日研究会に参加いただいた友人たちに感謝申し上げる。

1) 本章は本書に収録するため，海老田・野﨑（2016）に大幅な加筆修正をしたものである。
2) このような研究方針は，Randall ら（2010）や Crabtree ら（2012）が提唱する，デザインの検討を中心に据えた，エスノメソドロジー（Garfinkel 1967）に特徴付けられたエスノグラフィ的調査研究といってよいかもしれない。
3) 厚生労働省（2015）「障害者の就労支援について」(http://www.mhlw.go.jp/file/05-Shingikai-12601000-Seisakutoukatsukan-Sanjikanshitsu_Shakaihoshoutantou/0000091254.pdf)
4) 「特定非営利法人那須フロンティア　第 19 回総会議案書」(2017) による。
5) 「特定非営利法人那須フロンティア　第 19 回総会議案書」(2017) による。
6) 野﨑によれば「大事なのは数字の達成ではない。数字に表れない支援の方がむしろ大切」なのだ。
7) ここでケースを紹介する意義は，あくまでホリデーでの支援の一端を報告するというものであって，「ここで紹介される支援をすべての利用者対象にしている」，「こうした支援をすればすべての利用者の定着支援がうまくいく」ということではない。
8) 「特定非営利法人那須フロンティア　第 19 回総会議案書」(2017) による。

第9章

韓国の社会的企業の発展がもたらした効果
――地域福祉力向上につながる可能性――

李　在檍

1　はじめに

　韓国の社会的企業の根拠法である「社会的企業育成法」が2007年7月に施行されてから10年目を迎えた。2017年5月現在，1900社を超える社会的企業が雇用創出および社会サービスの拡充を目的とした社会的な活動を行っている。本章では，韓国における社会的企業（Social Enterprise）を取り巻く現状と課題について，社会的企業育成法の内容を整理しつつ，韓国の社会的企業が担う大きな役割の2本柱である雇用創出および社会サービスの拡充に焦点を当てて，特性や今後の課題について検討する。

　韓国における社会的企業育成制度や先行事例等に関する先行研究はすでに日本国内においても数多く行われてきている（姜他2011；橋本2011；秋葉他2012；藤井他2013；羅2015；高間2016；呉2017）。本書が，日本国内のコミュニティビジネスと地域，福祉などを軸にして論じている中，本章で韓国の社会的企業との関連性を述べることには以下のような意味がある。高間（2016）は，「韓国の社会的企業発展の軌跡は，わが国の福祉・労働政策にとどまらず，社会経済政策の方向性にも大きな影響を与えるものといえよう[1]」と述べている。また，キムは，韓国の社会的企業の特徴について，「社会的排除の緩和，雇用創出，社会サービス供給，地域社会再生等の多様な社会的目的を実現するビジネス組織である。特に，社会的企業は地域社会の再生という目的を強いられる必要が

ある」(キム 2013：14)。さらに,「韓国では,地域社会において住民に対して,医療サービスの提供や貧困層の自立,自活を目的として成長してきた自活共同体,まち企業等を,典型的なコミュニティを基盤とする社会的企業と見ている」としている(キム 2013：16)。このように,韓国の社会的企業とは地域を基盤として,地域住民のための幅広い機能と役割を併せ持つビジネス組織であるといえる。そのため,今後の日本におけるコミュニティビジネスの発展的な方向性を模索する際に実践的なモデルとなることが期待される。

2　韓国における社会的企業の発展過程

　韓国における社会的企業の出発点は,社会的企業育成法の制定前から取り組まれていた市民団体による貧困層に対する市民運動にたどりつく。「韓国における社会的企業の歴史は,1990年代初期に貧困地域から始まった生産共同体運動に起源があり,それ以降の社会的企業は民間による働きかけと脆弱階層のための政府主導の雇用確保政策と並行しながら発展してきた」(キム 2009：146)。1997年のIMF外貨危機以降,経済分野の低成長や産業環境の変化によって,国内の雇用創出が減少した。また,急速な高齢化や家族構造の変化などにより社会サービスに対する需要が増える一方で,供給は不足している状況にあった。さらに,1999年には国民基礎生活保障法[2]が制定され,国の責任で生活困窮者を対象に最低保障水準で対応を行うなどの貧困対策の強化が図られた。

　2000年代に入ってからは貧困と失業問題の対応の一環として,韓国保健福祉家族部は自活事業を,韓国労働部は社会的雇用創出事業を実施し,脆弱階層の雇用および社会サービスの提供拡大を推進したが,ほとんどの事業が政府の財政支援によるものだったため,短期・臨時的な計画となり,低賃金の雇用提供にとどまった。その結果,持続的・安定的な雇用対策として継続されなかった。表9-1は,社会的企業育成法の制定前の脆弱階層の月額平均所得(一般世帯の月額平均所得の60％)を一般世帯と比較したもので,約40万-140万ウォン[3]の所得差が生じていた。こうした中で,欧州の社会的企業制度の導入に関する議論が起こり,持続可能で良質な雇用創出と社会サービス供給拡大のための代替策としての社会的企業の育成が模索され,2007年の社会的企業育成法の制定に至ったのである。その後,2008年には社会的企業育成5か年基本計画の施行,2010年には,社会的企業育成法の改正による脆弱階層の範囲拡大,韓国社会的企業振興院が設立された。2013年には,第2次社会的育

表 9 - 1　世帯別月額平均所得（2006 年度）

（単位：千ウォン）

	一人世帯	二人世帯	三人世帯	四人世帯	五人世帯
一般世帯	118	217	310	353	369
脆弱階層	71	130	186	211	221

（出所）「社会的企業の理解」（韓国労働部 2007）より，一部改変。

成基本計画を施行するに至った。

3　韓国の社会的企業の概要

3 - 1　社会的企業とは

　韓国の社会的企業は，前述の社会的企業育成法[4]に基づき，様々な支援が制度的に保証されている。同法第 1 条では目的として，「社会的企業の設立・運営の支援と，社会的企業の育成を図り，私たちの社会では十分に供給されていない社会サービス[5]の拡充と，新しい雇用を創出することにより，社会統合と国民の生活の質の向上に資すること」を規定している。第 2 条では，社会的企業の定義として，「脆弱階層に対して，社会サービスまたは雇用の機会を提供し，地域社会へ貢献することによって，地域住民の生活の質を高めるなどの，社会的目的を追求しながら財貨・サービスの生産・販売等の営業活動を行う企業として法に基づき認証を受けたもの」と規定している。ここでいう脆弱階層とは，「自ら必要な社会サービスを市場価格で購入することが困難で，労働市場の通常の条件では就職が特に困難な層のことで，その具体的な基準は，大統領令で定める」（社会的企業育成法第 2 条 2 号）と規定されている。具体的な対象範囲及び基準などは表 9 - 2 のとおりである[6]。

　さらに，広義で社会的企業を捉えると「営利企業と非営利組織の中間形態として，社会的目的を優先的に追求しながら，財貨・サービスの生産・販売等の営業活動を遂行する企業・組織」とあり，簡易には「社会問題の解決を優先した利潤創出する企業」のことをいう。

　また，社会的企業の意義とは，社会的企業育成を通して持続可能な経済，社会の統合を実現することである。具体的には，①持続可能な雇用の提供：脆弱階層を労働市場に統合し，やりがいのある雇用を拡大，②地域社会を活性化：地域社会を統合し，社会的投資の拡充を通じて地域経済を発展，③社会サービ

表9-2　脆弱階層の具体的な基準（社会的企業育成法施行令第2条）

1	世帯の月額平均所得が全国世帯の月額平均所得の100分の60以下の者
2	「雇用上の年齢差別禁止と高齢者雇用の促進に関する法律」第2条第1号の規定による高齢者
3	「障害者の雇用促進及び職業リハビリテーション法」第2条第1号の規定による障害者
4	「売春斡旋等行為の処罰に関する法律」第2条第1項第4号の規定による売春被害者
5	「青年雇用促進特別法」第2条第1号の規定による青年または「経歴断絶女性等の経済活動促進法」第2条第1号の規定による経歴断絶女性などの「雇用保険法施行令」第26条第1項及び別表1による新規雇用促進奨励金の支給対象となる者
6	「北朝鮮離脱住民の保護及び定着支援に関する法律」第2条第1号の規定による北朝鮮離脱住民
7	「家庭暴力防止及び被害者の保護等に関する法律」第2条第3号の規定による被害者
8	「ひとり親家族支援法」第5条及び第5条の2の規定による保護対象者
9	「在韓外国人処遇基本法」第2条第3号の規定による結婚移民者
10	「保護監察等に関する法律」第3条第3項の規定による更生保護対象者
11	次のいずれかに該当する者． (1)「犯罪被害者保護法」第16条の規定による救助被害者に障害が生じた場合，その救助被害者と生計を共にする配偶者，直系血族及び兄弟姉妹 (2)「犯罪被害者保護法」第16条の規定による救助被害者が死亡した場合，その救助被害者と生計を共にする配偶者，直系血族及び兄弟姉妹
12	その他，1年以上の長期失業者等

スの拡充：新しい公共サービスで需要を充足し，公共サービスを革新，④倫理的市場拡散：企業の社会貢献を倫理的な経営文化として拡散させ，良い消費文化を助成することである（韓国社会的企業振興院ホームページ参照）。

3-2　社会的企業の類型および現況

社会的企業は活動組織の主な目的によって，次の5つに分類されている（表9-3）。①雇用提供型：1205か所（69.2％），②社会サービス提供型：111か所（6.4％），③地域社会貢献型：75か所（4.3％），④混合型：脆弱階層へ雇用と社会サービスを提供，168か所（9.7％）⑤その他型：社会的目的の実現可否について，雇用と社会サービス提供比率などでは判断が困難な企業182か所（10.4％）[7]である。①雇用提供型が，全体の約7割を占めており，他の4つの類型より圧倒的に多いことがわかる（2017年5月現在）。

表9-3 社会的企業の類型および認証審査基準（社会的目的の実現）

類型	認証審査基準
①雇用提供型	全体の雇用人数のうち，脆弱階層の雇用比率が50％以上であること。詳細審査基準：脆弱階層に良い働き口を提供しなければならない。全勤労者数が5人以上であること。全勤労者に対して6か月以内に雇用調整の事実がないこと。
②社会サービス提供型	全体のサービス受給者のうち，社会サービスを受ける脆弱階層比率が50％以上であること。詳細審査基準：社会サービスが不足して地域に居住している脆弱階層を対象に提供する社会サービスは価額に関係なく，社会サービスの実践として認める。老人長期療養機関の場合，サービス受給者の中で，等級判定を受けている人を除く，脆弱階層には市場価額より安く提供した社会サービスの実績だけをみとめる。
③地域社会貢献型	・地域に居住する脆弱階層の雇用比率または当該組織から社会サービスを受ける人のうち，地域の脆弱階層の割合が20％以上であること。 ・組織の主な目的が，地域の貧困，疎外，犯罪等社会問題の解決のため，組織全体の収入及び支出の40％以上であること。
④混合型	全体の雇用人数の中，雇用率と社会サービスを受ける脆弱階層の比率がそれぞれ30％以上であること。詳細審査基準：脆弱階層にまともな雇用を提供しなければならない。社会サービスの実績基準は社会サービス提供型と同一適用する。
⑤その他型	脆弱階層の雇用比率と社会サービス提供比率等では判断が難しい場合，社会的企業育成専門委員会で決定。

（出所）「韓国社会的企業振興院ホームページ」を一部改変し，筆者作成。

3-3 社会的企業の認証

韓国で社会的企業の名称を使用し，制度的支援を受けるためには，雇用労働部長官の認証が必要である。社会的企業の認証の必要性については，「①国民と社会から社会的企業に対する信頼の確保，②経営などにおいて最小限の要件を備え，長期的には自立が可能な基盤をつくる，③認証を受けた社会的企業に対する財政，税制，経営，販路等を支援し育成する，④不適切な社会的企業が生じることのないよう防止する」という4点が挙げられている（韓国社会的企業振興院 2016年）。表9-4のとおり，社会的企業の認証のためには7項目の要件を満たす必要がある[8]。

3-4 社会的企業への支援内容

政府による支援は，社会的企業の設立前・後で支援内容が異なる。社会的企業の設立前には，ソーシャルベンチャーコンテスト，社会的企業家の育成事業，

表9-4 社会的企業の認証要件

要件項目	内容
①組織形態	民法による法人,組合,商法による会社,特別法によって設立された法人または非営利民間団体等大統領令で組織形態を備える。
②有給勤労者雇用	有給勤労を雇用し,財貨およびサービスの生産・販売等の営業活動を営む。
③社会的目的の実現	脆弱階層へ社会サービスまたは雇用を提供し,地域社会へ貢献することで地域住民の生活の質を向上させるなどの社会的目的の実現が主な目的。
④利害関係者が参画した意思決定構造	サービス受給者,勤労者等の利害関係者が参加する意思決定構造を備える。
⑤営業活動を通じた収入	営業活動を通して得た収入が労務費の50%以上であること。
⑥定款の必須事項	社会的企業育成法第9条による事項を入れた定款または規約等を備える。
⑦利益の社会的目的へ使用	会計年度別に配分可能な利潤が生じた場合は,利益の2/3以上を社会的目的のために使う。

(出所)「韓国社会的企業振興院2016」をもとに,筆者作成。

H‐オン・ドリームオーディション,社会的経済関連教育および社会的経済ネットワーク拡張を通じ,社会的企業の周知・関心の高揚,人材の発掘や創業に向けての必要な支援などが行われる。設立後の支援内容は,①直接支援と②間接支援に分けられ,表9-5のようにまとめられる。社会的企業と予備社会的企業[9]とでは支援内容,期間,範囲などが異なっている。

4 社会的企業の実態

4-1 認証社会的企業数の推移

2007年の55か所から年々増加し,これまで計51回の認証審査を経て,1975の認証社会的企業が誕生し,実際に1741か所で活動が行われている。また,社会的企業を地域別に見ると,首都圏(ソウル299か所17.2%,京畿292か所16.8%)に集中して活動が展開されており,地域の偏りが顕在化された(2017年5月現在)。ただし,もともと首都圏には全人口の49.5%,2537万人(2016年11月現在)が密集して生活していることに考慮する必要がある。組織形態別に比較した場合,営利組織が1161か所で非営利組織よりも約2倍多い。営利組織の商法上の会社は1017か所と全体の58.9%を占めている。

表9-5　社会的企業と予備社会的企業の支援内容の比較

	社会的企業	予備社会的企業
主体	雇用労働部長官	地方自治体長，政府部署長
根拠制度	社会的企業育成法等	地方自治体の条例，部署別運営指針等
認証要件	・独立した組織形態 ・有給勤労者雇用 ・営業活動を通して収入 ・社会的目的の実現 ・利害関係者が参加した意思決定構造 ・利益の2/3以上を社会的目的に再投資	・独立した組織形態 ・有給勤労者雇用 ・社会的目的の実現 ・利益の2/3以上を社会的目的に再投資 ・定款及び規約の構え
支援期間	最大3年	最大2年
直接支援	・雇用創出事業（○） 　支援率：1年目60％，2年目50％，3年目30％＋20％（継続雇用時） ＊低所得層は，1年目70％，2年目60％，3年目40％＋20％（継続雇用時） ・専門人材の人件費支援事業（○）	・雇用創出事業（○） 　支援率：1年目70％，2年目60％ ＊低所得層は，1年目80％，2年目70％ ・専門人材の人件費支援事業（○）
間接支援	・事業開発費（○） ・経営コンサルティング（○） ・税制支援（○） ・社会保険料支援（○） ・融資支援（○） ・公共機関優先購買支援[9]（○）	・事業開発費（○） ・経営コンサルティング（○） ・税制支援（×） ・社会保険料支援（×） ・融資支援（○） ・公共機関優先購買（×）

（出所）「A GUIDE TO SOCIAL ENTERPRISE」（韓国社会的企業振興院，2016年），「韓国社会的企業振興院HP」を一部改変し，筆者作成。

4-2　認証社会的企業の雇用現況

　図9-1のように，韓国では2013年から失業率が上昇しており，2016年には過去10年間ではじめて失業者が100万人を超えた。それにもかかわらず，社会的企業で働いている人は2016年11月時点で3万6858人（うち脆弱階層が2万2647人）となっており，脆弱階層雇用も含む認証社会的企業の雇用人数は2007年から継続して増えていることがわかる（図9-2）。社会的企業の目的のひとつである雇用の創出，すなわち脆弱階層の雇用拡大に大きく貢献しているといえる。

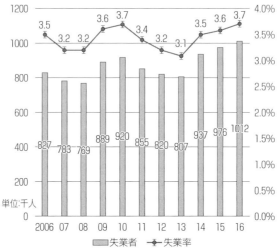

図9-1 失業者数及び失業率の推移（2006～2016年）

（出所）「2016経済活動人口年報」（韓国統計庁2017年）より筆者作成。

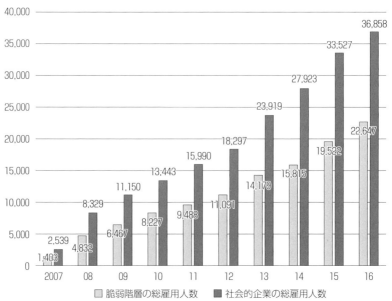

図9-2 認証社会的企業の雇用現況

（出所）「A GUIDE TO SOCIAL ENTERPRISE」（韓国社会的企業振興院2016）より，筆者作成。

5 社会的企業がもたらした効果

社会的企業の主な目的である，雇用の創出と社会サービスの提供拡大の成果について，「2015 社会的企業成果分析[10]」（韓国雇用労働部・韓国社会的企業振興院，2016 年）の結果を活用し，社会的・経済的成果の上昇をもとに検証する。

5-1 脆弱階層の雇用の創出効果

社会的企業における有給勤労者のうち，一般勤労者総数 1 万 3124 人に対して脆弱階層は 2 万 1096 人，一企業あたり平均 14.4 人（2015 年現在）で全体的に脆弱階層の有給勤労者は持続的に増加している。脆弱階層の有給勤労者を地域別に見ると，全体の約 40% がソウル（3683 人，17.5%）と京畿（4623 人，21.9%）を中心とした首都圏に集中していることがわかる。また，両地域の国民基礎生活受給者は全体の 30% を超えている状況がある（ソウル：25 万 8427 人，15.7%，京畿：25 万 7850 人，15.7%）。

表 9-6 脆弱階層別有給勤労者現況（2015 年現在）

（単位：人）

	区分	高齢者	障害者	低所得者	結婚移民者	青年／経歴断絶女性	長期失業者	一人親家族保護対象者	脱北住民	その他	全体
	全体	11,940	5,012	2,722	407	340	277	161	96	141	21,096
認証類型	雇用提供型	9,056	4,826	2,027	340	195	160	106	78	96	16,884
	社会サービス提供型	733	35	115	7	24	33	15	2	5	969
	混合型	1,793	111	357	30	63	30	21	3	10	2,418
	地域社会貢献型	89	11	68	9	8	13	2	0	2	202
	その他型	269	29	155	21	50	41	17	13	28	623
組織形態	民法上法人	1,227	1,085	337	53	51	73	9	2	36	2,923
	非営利団体	231	209	117	27	20	25	14	9	13	665
	社会福祉法人	362	1,838	31	15	10	7	1	2	3	2,269
	商法上会社	9,313	1,764	2,040	269	236	153	117	81	82	14,055
	消費者生活協同組合	133	0	5	0	0	4	0	0	0	142
	営農組合法人	298	59	95	23	0	7	3	0	4	489
	一般／社会的協同組合	325	50	97	20	20	10	13	2	2	539
	その他	1	7	0	0	3	2	0	0	1	14
平均賃金（単位：千ウォン）		1,310	1,057	1,449	1,151	1,437	1,990	1,390	1,424	1,430	
平均勤務時間		35.1	33.8	36.5	35.8	37.3	37.6	37.9	38.1	38.3	

（出所）「韓国雇用労働部・韓国社会的企業振興院」(2016) を一部改変し，筆者作成。

表9-6で，社会的企業の認証類型別に脆弱階層の有給勤労者を見ると，雇用提供型の勤労者1万6884人（16.5%）がもっとも多く，次いで混合型2418人（16.1%）であった。社会的企業で働いている脆弱階層の中でも，特に「高齢者」がもっとも多く全体の約50%を占めており，次いで障害者[11]，低所得者の順である。認証類型別の雇用提供型，組織形態別の商法上の会社において，高齢者がもっとも多かった。社会福祉法人は，障害者（1838人）がもっとも多く，高齢者の約5倍以上が働いていることが明らかになった。

5-2　脆弱階層の有給勤労者賃金および勤務時間

　社会的企業で働いている脆弱階層と一般労働者の平均賃金を比較してみると，脆弱階層の平均賃金は月額131万ウォンで，一般勤労者の平均賃金月額178万ウォンの約74%の水準である（2015年現在）。また，過去3年間の平均賃金を比較すると脆弱階層の平均賃金は一般労働者平均賃金の約71.0%－73.8%程度であった。具体的には，脆弱階層の中で長期失業者（199万ウォン）がもっとも高く，有給勤労者数がもっとも多い高齢者（131万ウォン）とは約60万ウォンの差があった。もっとも低いのは障害者（105万ウォン）であった。最低賃金（時給）の年間の推移を見ると，2007年は3480ウォンであったが，2015年現在5580ウォンであり，すべての脆弱階層の有給勤労者の賃金が最低賃金を上回っていることがわかる。

　勤務時間[12]については，全17地域中の多くの地域で，一般勤労者（週36.4時間）のほうが脆弱階層勤労者（35.1時間）よりも平均1.3時間長く働いていることが明らかになった。また，平均勤務時間はその他を除いて，脱北住民（38.1時間）がもっとも長く，障害者（33.8時間）が一番短かった。

5-3　社会サービスの提供拡大の効果

　社会的企業のもうひとつの主な活動である脆弱階層と一般住民に対する社会サービス提供について具体的に検証する。社会サービスを提供している社会的企業数は1072か所（2015年現在）で，前年度（1010か所）より約6%増加した。また全国的には，平均73.4%の社会的企業が社会サービスを提供していると報告されている。この社会的企業による社会サービスの受給者数は，2013年の約2500万人以降，2014年1600万人，2015年には約1100万人と大幅に減少傾向となった[13]。実際に社会サービス提供企業は年々増加傾向であるが，受給者の減少の理由として受給者の受け入れ先が増えたことによって，社会的

企業以外の社会的経済組織（たとえば協同組合など）など，各機関に分散されたことが考えられる。また，対象受給者別に見ると，脆弱階層を対象に提供している企業数が増えている。2015年では，脆弱階層（1018か所）の中でも，低所得層（625か所），高齢者（552か所），障害者（465か所）の順であり，一般住民（482か所）より約2倍多い結果となった。全体的傾向としても，社会サービスを提供している社会的企業数は一般住民と脆弱階層対象ともに増加傾向が見られた。もっとも多く提供されている社会サービスは教育（285か所）であり，社会福祉（280か所），文化・芸術・観光・運動（211か所）の順である（その他を除く）。中でも，教育と社会福祉に関するサービスは主に脆弱階層を対象に提供されていた。

6　社会的企業の今後の課題

韓国における社会的企業は，これまでのとおり，とりわけ雇用創出と社会サービス提供拡大において，様々な効果を生み出している。しかし，現状からはいくつかの課題も見えてきた。

6-1　雇用創出における課題

雇用創出のための活動を行う社会的企業の全体における数が，他の企業に比べて非常に多く，本来の社会的企業の目的から見ても，社会サービスの提供拡大とのバランスが取れているとは言い難い。

①社会的企業で働いている労働者の雇用環境

社会的企業において脆弱階層勤労者の男女別構成に着目すると大差が生じている。勤労者率は，女性勤労者率（69.6％）が男性（30.4％）の2倍以上で，女性が圧倒的に多いにもかかわらず，待遇面では男性に比べ不十分である。イ(2010)は，「雇用形態別では，非正規雇用者率が全体の72.8％で（男性19.2％，女性80.8％）を占めている。また性別による賃金の差が大きく，女性の月額平均賃金は男性の約79.9％に過ぎない」と指摘している。また，上述したように，脆弱階層勤労者の平均賃金は最低賃金水準よりは高いが，障害者雇用に限って見た場合，全体の障害者勤労者の平均賃金よりも約100万ウォン低いことが明らかになっている。今後，継続的に安定的な雇用の機会を提供するためには，特に女性勤労者や障害者の雇用形態の改善や適正な賃金の支給が必要である。

②財政面における脆弱性

　社会的企業の財政構成は，ほとんどが政府の支援金である。特に，現状では直接支援における人件費支援の依存度が高いことが挙げられる。2015年の社会的企業の収益（支援金）では，政府支援金が76.9％を占めており，一般支援金（企業後援，親機関の支援，一般寄付，その他）については23.1％であった。今後は，政府支援に頼らない脆弱階層への雇用提供と，営利企業と市場競争で生き残るための工夫が自主財源確保のためには必要である。

6-2　社会サービス提供拡大における課題

　韓国ではこれまで，社会保険，公的扶助（国民基礎生活保障制度），社会福祉サービス提供を中心に国民の福祉ニーズに対応してきた。しかし，近年の少子高齢化，経済，社会環境の変化などとともに，日本と同様にこれまで女性がその役割を大きく担ってきた，子育て・介護といった領域を中心とした社会サービスに対するニーズが多様化し，かつ増加してきた。韓国の社会サービスの概念は，「国・地方自治団体及び民間部門の支援が必要なすべての国民に福祉，保健医療，教育，雇用，住居，文化，環境等の分野において人間らしい生活を保障し，相談，リハビリ，ケア，情報提供，関連施設の利用，能力開発，社会参加等の支援を通して，国民の生活の質の向上のため支援する制度である」（社会保障基本法3条第4項，2013年改正）。このような状況の中で，社会サービスは従来の社会福祉サービスが対象別，機能別拡大，社会化，市場化され，2007年から開始された社会サービス電子バウチャー事業[14]などの推進により，サービス供給の担い手の確保が脆弱階層への雇用創出につながり，雇用拡大に貢献してきたという背景がある。社会サービス提供拡大の面においては，社会サービスを提供している社会的企業数は増えているが，その対象は一般住民よりも脆弱階層が多いことである。

①事業組織および類似事業との重複

　社会的企業以外にも市民団体，宗教団体，社会福祉館，地域自活センターなどの（社会サービス電子バウチャー事業提供機関も含む），社会サービス提供の供給主体が多様化してきている。それにより，社会的企業が市場原理のもと他のサービス提供機関との競争力をどの程度持ち合わせているかが問われる。すなわち，「社会的企業では商品とサービスの多くが，すでに営利企業や非営

利団体によって提供されているものが多い。こうした中で，社会的企業が生産・販売している商品を消費者から選択されるには，商品の品質を保ち，低価格で提供している他の商品との差別化が必要である」と指摘されている。(ソ他 2015)

また，韓国企業の社会的貢献活動に対する支出は年々増加している。2015年の社会貢献の支出は，主要企業255社で2兆9020億ウォンであり，前年より6.8％増加している。事業分野別に見ると，脆弱階層への支援が39.7％でもっとも多く，次いで教育・学校・学術（21.4％）への支援などであった（主要企業・企業財団の社会貢献白書 2016）。

このように事業の重複化を避け，他のサービス提供機関や民間企業と組織，サービス内容などで差別化を図ることはなかなか難しい。地域の中で社会サービス提供主体間の競争を行うよりは，相互連携や資源の統合を通して，事業の効率性と目的達成度を高め，組織の経営安定および勤労者の生活の安定を図ることが重要である。「全国の全ての地方自治体に地域自活センターがあり，地域的偏りはあるものの，社会的企業以外にも社会的な雇用提供のため各種の組織が活動している。これらの組織は，リサイクル，ケアサービス，清掃，住宅修繕，農場，食堂，宅配，カフェなど多様な業種の事業を行っており，そこから生産される財貨やサービス，そして組織が連携し，資源をまとめ地域統化を展開していけば社会的企業に携わるものに有用な保護網としての役割を果たせるだろう」（キム 2008：90）と述べている。

②サービスの質の確保

韓国における社会サービスは，利用者中心のサービス選択や，競争原理の下においてサービス提供機関の多様化が進められてきた。この理由には，サービス供給主体間の競争により利用料を下げ，低所得層や脆弱階層などがより利用しやすいことも挙げられよう。しかし，サービス提供機関においては，脆弱階層などへの雇用提供という役割も同時に担っており，サービスの質を確保することが課題となっている。つまり，社会的企業が社会的目的の達成や不足している社会サービスの担い手確保のために，専門的な知識，技術，経験を考慮せず，脆弱階層などから労働力を優先的に確保することが問題となっている。「各サービスの特性を考慮した上，教育訓練及び資格管理の制度を整備する必要がある。社会サービスの品質を管理して，評価する総合的なシステム構築が必要である」（ノ 2008）。すなわち，社会サービスの質の維持・向上のためには，担い手の専門性を高めるような取り組みが求められている。

7　まとめ

　韓国における社会的企業の特性は，官民による脆弱階層への雇用創出および社会サービス提供の拡充という複合的目的を，明瞭に具現化していることである。特に，社会，経済的に排除されやすい脆弱階層に対して，既存の公的な社会保障制度，福祉サービスとともにセーフティーネットとしての重層的役割を果たしている。

　韓国において社会的企業に類似する社会的経済組織としては，協同組合（1万455か所，2016年11月現在），自活企業（1339か所，2015年末現在），農村共同体会社（898か所，2015年5月現在），まち企業（1342か所，2015年末現在）など多数が存在している。これらの類似社会的経済組織と比べ，社会的企業の特徴とは，「公共政策と密接な関連性を持っている点，生産共同体，協同組合，非営利団体及び機関などの社会運動を背景にもつ市民社会の自律性に基盤をおいている点，法的支援体系が存在している点」（キム 2009：151）などが挙げられる。このような，社会的企業の特性を考慮し，画一的な育成ではなく多様性を認め合いながらそれぞれの強みを活かせるように支援を行うことが重要である。

　また，社会的企業の活動が単純に雇用の創出と維持，社会サービスの提供，利益の創出にとどまるのではなく，地域を基盤として脆弱階層などが地域住民の一人として，安心して生活を営むことができるように，個人と地域のつなぎ役を果たすことが重要である。このためには，社会的企業と地域住民，行政機関，企業，福祉団体などが密接な連携と協働の関係を築くことが要となろう。それにより，地域全体の課題解決能力と地域福祉の向上につながると考える。

　　　1）　韓国の社会的企業育成制度について高間は，脆弱階層の雇用と福祉の両政策を統合して成立したものである，市民活動団体の意向を含む，国と地方との一体的協力関係による法整備，政府主導の直接・間接的支援による質的向上，脆弱階層を中心対象とした社会的企業から一般階層の人びとを対象とする協同組合への就労対象拡大等がわが国の類似制度導入の参考となると指摘している。
　　　2）　従来の生活保護法を廃止し，最低生計費以下の低所得層に対して生計・教育・医療・住居などを支援し，最低限の基礎生活を制度的に保障することが

目的である。生計付与の最低保障水準は，中位所得の29％に相当する金額を支給する。相対的貧困率は14.7％で，OECD平均11.5％（2014基準）より高い状況である（韓国保健福祉白書 2016）。
3) 当時の為替レート（平均）は，100ウォン／12.05円（2006年），2016年は9.48円(三菱UFJリサーチ http://www.murc-kawasesouba.jp/fx/yearend/index.php?id=2006)。
4) 韓国の社会的企業育成法はアジアではじめて法制化されたといわれているが，すでにヨーロッパ諸国においては法制化が進んでいた（Kerlin 2009）。詳しくは本書川本論考（2章）を参照のこと。
5) 社会サービスとは，教育，保健，社会福祉，環境，文化の分野でのサービス，その他これに準ずるサービスとして大統領令で定める分野のサービスのことである。
6) **表9-2**でいう高齢者は55歳以上である。韓国は高齢層を55歳 - 79歳としており，全人口の28.6％（1239万7000人）を占めている。また，65歳以上の高齢人口は678万人で全人口の13.6％，合計特殊出生率は，1.17人である（韓国統計庁，2016年現在）。
7) **表9-3**でいう良い働き口については，最低賃金超過支給，週20時間以上勤務，期間の定めのない勤労契約の締結などで判断する。義務雇用比率に該当する脆弱階層に対しては必ず良い働き口を提供する。
8) 社会的企業における有給勤労者とは，雇用形態に関係なく雇用保険に加入した勤労者をいう。申請企業は，申請前の6か月間平均1人以上の有給勤労者を雇用しなければならない。ただし，雇用提供型の場合，平均5人以上雇用しなければならない。
9) 予備社会的企業とは，社会的目的の実現を図り，営業活動を通じて収益創出等社会的企業の認証を受けた者。最小限の法的要件は満たしているが，収益構造等一部の要件を満たしていない企業を地方自治体長が指定し，要件の補完後は社会的企業の認証を受けることが可能な企業を指す。
10) 2013 - 2015年度の事業報告書の分析を通じて，社会的企業の社会的・経済的部分の成果を検証したものである。2015年の場合，事業報告書を提出した1460か所の社会的企業を主な研究対象とした。
11) 韓国の障害者法定義務雇用率は2.9％（公共機関および地方公企業は3.2％）である。「企業の障害者雇用実態調査」（2016年）によると，2015年の障害者を雇用している企業数は，5万9885社（全体の3.9％）で，障害者勤労者数は，18万7630人（全体の1.46％）であった。障害者を雇用している企業における平均賃金は，全体の勤労者が月額249万ウォンに対して，障害者は月額232万ウォンで約17万ウォン少ない93.3％の水準であった。
12) 全国平均就業時間は週43.0時間である（2016経済活動人口年報，韓国統計

庁)。
13) 2013年度の事業報告では，いくつかの社会的企業が受給者数を重複カウントしていたなど，概略的な受給者数を過大に報告された可能性がある。そのため2015年の受給者数の大幅な減少理由の解析には慎重に検証を行う必要がある。
14) 利用者中心の社会サービス提供のために，市郡区の社会サービス受給者と認められた人に，社会サービス利用券（バウチャー）事業を導入。利用可能なサービスの金額の利用券を支給し，サービスの申請，利用，支払いの全過程が電子システムで処理される。サービス提供機関は，市郡区への登録制である。事業は，家事看病訪問ヘルパー，老人ケア総合サービス，産母新生児ヘルパー，障害者活動支援，発達リハビリサービス，言語発達サービス，地域社会サービス，発達障害者親相談支援で，提供機関数は2016年現在1万241か所であり，サービス提供人材は15万1626人である（韓国保健福祉白書2016）。

第4部
展望と課題

第10章

地域福祉におけるコミュニティビジネスの位置と役割
―― 協働を導くステークホルダーと協働の場としてのプラットフォームの視点から ――

佐藤貴洋

1　はじめに

　少子高齢化の進展，地域社会の弱体化といった住民生活をめぐる生活環境の変化の中で，社会的孤立，ひきこもり，老老介護，ゴミ屋敷などいわゆる制度の狭間にある新しい生活問題が注目されている。そして，こうした問題を解決する方法として期待されているものがソーシャルビジネス（以下，SBと略す），および，コミュニティビジネス（以下，CBと略す）と呼ばれるものである。

　地域福祉分野においては，SB／CBの先駆的形態と考えられる住民参加型在宅福祉サービス（非営利有償サービス）が1980年代に登場し，都市部を中心として全国的な展開が図られた。ここでは有償の事業という側面と同時に，住民による相互支援という側面も強調された。その後，1995年の阪神・淡路大震災を契機として，1998年に特定非営利活動促進法（NPO法）が制定され，NPO法人が数多く誕生した[1]。そうした中で安定した事業運営という点では問題を残すものの，多様なSB／CBが増加したことも確かである。

　2002年に厚生労働省社会保障審議会福祉部会から出された「市町村地域福祉計画及び都道府県地域福祉支援計画策定指針の在り方について（一人ひとりの地域住民への訴え）」では，地域福祉推進の基本目標のひとつとして，「地域おこしに結びつくような福祉関連産業，健康関連産業，環境関連産業などの領域で，地域密着型コミュニティビジネスあるいはNPOなどを創出していくこ

と（社会的起業）が考えられる」としており，政策としてCBの創出が課題となってきた経過がある。

　本章では，以上のような背景を持つSB／CBを地域福祉の視点から捉え直すことを目的としている。そのため，まず第1に，SB／CB概念と地域福祉との関係性を，筆者である佐藤の問題意識から整理する。第2に，地域において展開されている多種多様なSB／CBの実践を「協働を導くステークホルダー[2]」および「協働の場としてのプラットフォーム[3]」という2つの視点から検討する。第3に，まとめとして地域福祉におけるCBの役割と今後の課題について明らかにする。なお，SBは，特定の地域的な範域を越えて国民生活の問題解決に貢献する事業展開を行うのに対して，CBは特定の地域社会における地域生活問題を，住民自らが主体となって解決を図る事業展開であるという説もあることから，本章では地域福祉との関連が深いCBを中心に取り上げることにしたい。

2　地域福祉におけるソーシャルビジネスとコミュニティビジネスの位置

　地域福祉の源流はセツルメント活動や地域組織・民間組織による慈善事業や社会事業である。これらの事業は，地域のニーズを掘り起こし，それを事業化し展開したものであり，民生委員制度など今日に引き継がれてきたものも多い。こうした社会的・公益的な事業への取り組みは，NPO，NGO（非政府組織），インフォーマルなどと呼ばれる組織によるものだけではない。こうした事業に企業として取り組むのがSB／CBということになる。それは，ひとつのビジネスではあるものの，社会的・公益的なミッション（使命）を重視した社会貢献活動であるという側面もある。

　地域福祉における公私の連携という点では，社会福祉協議会の役割が大きい。社会福祉協議会は，社会福祉事業法（1951年）において規定され，社会福祉法（2000年）においては，地域福祉を推進する団体として位置づけられた。社会福祉協議会は民間団体ではあるものの法定団体として，歴史的に多くの運営資金が行政機関から提供され，また，行政からの人材派遣，事務所の提供なども行われてきた。そうした側面から捉えるならば，社会福祉協議会は行政との一体的な運営がなされてきたという側面は否定できない。そうした中で，現在の指定管理者制度[4]のもとであっても福祉行政の委託による運営が行われる場

合も多い。とはいえ，現代日本においては福祉サービス供給主体の多元化が進み，福祉サービスは公の責任のみでなく，広く民間の参加を通じて行われている。「新たな公共」という考えのもと，フォーマルセクターに対するインフォーマルセクターの役割が重視されるようになった。地域福祉においてもSB／CBといわれる事業形態の出現は注目されるものとなっている。

しかしながら，行政による社会福祉協議会への支援と比較すると，NPOやSB／CBへの支援はきわめて不十分な状態にある。そうしたことからSB／CBの運営は採算性を度外視したものとなるものも多く，その結果，組織の解散につながる事例も多く見受けられる（本間・金子ほか 2003，神野・牧里 2012 など）。

SBに関する代表的な定義としては，経済産業省の「ソーシャルビジネス研究会報告書」(2008)によるものがある。すなわちSBとは「少子高齢化や環境など様々な社会的課題が顕在化する中，そうした社会的課題をビジネスとして事業性を確保しながら自ら解決しようとする活動」というものである。そこでは，①社会性：現在解決が求められる社会的課題に取り組むことを事業活動のミッションとすること，②事業性：①のミッションをビジネスの形に表し，継続的に事業活動を進めていくこと，③革新性：新しい社会的商品・サービスや，それぞれ提供するための仕組みを開発し，活用したりすること，その活動を通して新しい社会的価値を創造することの3つをその特徴として挙げている。社会性，事業性，革新性という3つの特徴は，SBとCBに共通しており，以上のような定義からすれば，CBはSBに含まれるということになる。しかし，SBはその事業範囲として国内外を含めるものであるのに対し，CBは国内，さらには特定の地域が事業範囲として想定されるところが異なる点である[5]。

CBについては次のような代表的な定義がある。本間ら(2003)は，コミュニティビジネスを，「(ローカル，ないし，テーマ)コミュニティに基盤をおき，社会的な問題を解決するための活動であり，以下の5つの特徴をもつものと考える。活動の担い手は，NPO，株式会社，有限会社などさまざまな可能性がある。最初の3つは組織について，最後の2つはそれに参加する個人についての特徴である」。また，その特徴は，「①「ミッション性」：コミュニティに貢献するというミッションをもち，その推進を第一の目的とする。②「非営利追求性」：利益最大化をめざしていない。③「継続的成果」：（経済的ないし非経済的）具体的な成果を上げ，活動が継続して行われている。④「自発的参加」：活動に参加する人は自発的に参加している。⑤「非経済的動機による参加」：活動に参加する人の動機は金銭的なものを第一とせず，むしろ，生き甲

斐，人の役に立つ喜び，コミュニティへの貢献など，非経済的なものが主である」としている（本間・金子ほか 2003：22-27）。

また，ピアース（Pearce 2003）は，経済活動領域を市場，公共，社会経済という3つに分割し，①「営利指向型」市場経済，②「公共サービス供給型」（政府・自治体の活動），③「自助・協働型」市民経済という領域を設定している。「自助・協働型」市場経済の活動主体には家族，ボランティア，NPO，CBなどが含まれるとしている（Pearce 2003；加藤 2004）。

以上のような定義から，地域福祉におけるCBの特徴を，活動主体，ミッション，活動形態，組織形態，期待される主な効果の5つの側面から整理すると次のようになる。①CBの活動主体は住民自身である。企業家ばかりでなく，高齢者，退職者，主婦，学生なども含まれる。②CBのミッションは，地域生活上の諸問題，あるいは住民が抱えるニーズの解決である。したがって，地域や住民のためという意味を追求することが求められる。③CBの活動形態は，住民の協働による非営利・有償の継続的事業である。事業に責任を持つこととともにビジネスとして成立することが要件となる。④組織形態としては，NPO法人，協同組合，企業組合，有限会社などがある。また，人材，ネットワーク，ノウハウ，財源，情報など地域の社会資源の有効的な活用が求められる。⑤期待される主な効果は，新しい価値の創造，地域生活問題の解決，福祉コミュニティづくりである。

CBは市場性のある事業として理解されているが，地域福祉におけるCBはむしろ多くの場合，準市場[6]の分野にとどまっている。CBにおけるコミュニティを地域社会と理解すればCBはSBのひとつとして理解されるが，SBが地域社会を超えた市場性を持つのとは対照的である。また，CBが地域全体の利益を志向する場合と，個別のステークホルダーの利益を志向する場合がある。しかし，いずれの場合も住民や地域の各種団体・組織との協働を必要としている。また，コミュニティを共通関心事などによって理解するならば地域社会に限定されず，国際的な支援事業活動も含めてCBを理解することもできる。

以上のことから地域福祉におけるCBとは「地域生活上の諸問題，住民ニーズを解決することを目的として，住民自らが主体となって取り組まれる非営利・有償の継続的事業である」と定義されることになる。これらをふまえ，SBとCBの関係性を地理的範囲，ミッション性（社会性，革新性），市場志向（事業性）から捉えると図10－1のように描くことができる。

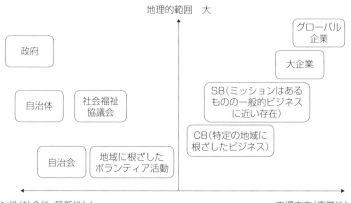

図10-1 地域性・ミッション性から見たCBの位置（佐藤試案）

3　地域福祉の視点から見たコミュニティビジネス

3-1　ステークホルダー概念を中心として

　第1に，協働をすすめる人材としてのステークホルダーという視点からCBを考えてみる。ボランティア活動，NPOによる地域福祉活動は，地域生活問題の解決や福祉コミュニティづくりを目的とする無償による活動，福祉サービスの提供である。その際，自費による捻出の他，公費による助成，民間資金による助成などを受けることが一般的である。しかしながら，こうした活動が安定しない理由として，財源確保が難しいということがある。また，民間活動の場合，財政援助を通して行政による介入が行われ，民間性が確保できないという指摘は多い[7]。

　一方，CBは有償サービスにより地域生活問題の解決や福祉コミュニティづくりをすすめる。その際，CBはできるだけ市場性を持った商品，福祉サービスの提供を図ろうとするが，前述のとおり利益の最大化よりもミッションの最大化が優先される。CBの場合，自らの営業努力による資金確保という事業性が重視されるため，財政支援を通しての公的介入は少ないということもあるが，資金確保が容易であるとは限らないという側面があり，事業展開の難しさが指摘される。したがって，ボランティア活動などと比較した場合のCBの最大の特徴は，特定の社会的目的を持った経済活動であるといえるが，そうした経済

活動が成立するためには，ボランティア活動以上に，商品，福祉サービスを必要とする消費者・利用者と活動を支えるボランティア，有給スタッフの人びと，事業パートナーなどの多様なステークホルダー（利害関係者）の存在が重要となる。また，ステークホルダーの中には組織化され，自らCBを起業する組織や，一般企業との競争において大きな支援力を持つ組織もある。

CBの主体としての社会起業家は，一般的に社会的使命感を持ち，地域生活問題をわかりやすく地域社会に提起し，問題解決のための新しい事業活動を推進する役割と能力を持つとされるが，地域福祉におけるCBの主体には，個別課題を地域社会が共有し，協働活動として展開することを通して，福祉コミュニティづくりを進めることが期待されている。また，地域福祉分野においては，住民はサービスの受け手だけではなく，サービスの担い手としても位置づけられている[8]。それは地域社会における住民の相互支援ということを重視することからきている。言い換えれば，CBを通しての住民参加，当事者参加による地域社会の支え合いづくりという意味合いでもある。そして，CBがこのような性格を維持することにより，CBの事業展開を容易にするとともに，CBの社会的基盤を作り出すことにつながると考えられている。すなわち，CBはソーシャルキャピタル[9]を作り出すと同時に，ソーシャルキャピタルによって支えられているということになる。

主体・客体関係において，ステークホルダーという視点が重視される。ここでいうステークホルダーとは，CBの事業展開に関わって直接・間接的に利害関係を有するものを意味しているが，CBは生活問題を抱える当事者やその支援者といったステークホルダーとの強い関係性によって事業を展開するという側面がある。それはまた，CBの経営はステークホルダーによって支えられるということでもある。

CBは，一定の地域が抱える生活問題の解決を目的とする事業活動として理解されると考えられるが，地域福祉の視点から捉えられるCBは，ビジネスにおける利益の最大化ではなく，むしろ人権尊重，ソーシャルインクルージョン，住民主体，相互支援，福祉コミュニティづくりといった地域福祉の理念，ミッションの最大化が優先されるところに特徴がある。このようなCBの性格は，事業展開をするうえでの弱みともなりうるが，逆にそのステークホルダーの共感・賛同を得られる場合，ステークホルダーからの強い支援が得られることになり，むしろ強みとなる。CBの成功要因のひとつを，生活者意識と市民意識を持った住民主体の地域福祉事業であると捉えるならば，地域の協力者・支援

者を増やすこと，また，協力者・支援者への利益提供や関係者の負担の分散が大切であることの認識が重要となる。個々のステークホルダーが持つ地域社会への貢献意欲をいかに引き出すことができるのか，ステークホルダーの信頼性をいかに勝ち取ることができるのかが，CB の成功のカギを握っているといっても過言ではない。

　CB の主なステークホルダーとして想定されるものには，支援者（住民，ボランティア，地域組織など），利用者（サービス利用者，消費者など），経営パートナー（投資者，経営参加者など），助成・融資機関（公的機関，銀行など）がある。これらの人的資源や社会資源が結びつくことにより CB の協働の場としてのプラットフォーム（図10-2）が形成されることになる。

3-2　プラットフォーム概念を中心として

　第2に，協働の場としてのプラットフォームという視点から CB を検討する。ここでいうプラットフォームとは，CB を事業として展開していくうえで，地域の人材や組織を媒介し，事業を支援する場のことである。それは今日の多元的社会にあって，ソーシャルインクルージョンという目標を達成するために，協働により地域社会の生活問題を把握して，問題解決のためのヒト，モノ，カネ，情報，組織などの社会資源を動員し，ネットワーク化を進めるとともに，参加者のそれぞれの立場を超えて協力関係を作り出し，新たな価値の創出を図るとともに，各種サービスの需要と供給をコーディネートする CB のための場である。

　地域福祉という立場から CB を捉えてみると，CB という事業主体や事業活動はコミュニティワークの対象ということになる。コミュニティワークには様々な手法があるが，CB は地域生活問題の解決手法とともに，地域社会資源の開発手法という2つの捉え方ができる。言い換えれば，地域生活問題解決型 CB と地域社会資源開発型 CB という2つのアプローチが可能である。

　CB 事業の発展過程を見るならば，個々の住民の生活問題から出発することが多く，そうした問題を地域において共有化し，事業化の関係者として育成していくことがコミュニティワーカーの役割となる。また，コミュニティワーカーは協働の担い手の一人として，CB のメンバーになることもあれば，側面的支援者として，情報提供者，相談者になることもある。

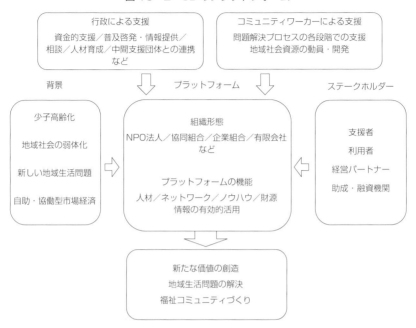

図10-2 CBのプラットフォーム

4 まとめ

4-1 地域福祉におけるコミュニティビジネスの役割

地域福祉における CB の役割としては以下のようなものを挙げることができる。

ビジネスという視点から考えられる役割は、雇用創出や利益を生み出すことなどが挙げられるが、それでは一般企業と同じということになる。一方で、事業展開が行われる地域との関わりで、問題解決と雇用を総合的に評価するのであれば、地域福祉の視点からの評価につながる。つまり事業性と地域性、そして理念を総合化することが重要である。しかし、そうした評価をするためのデータはいまだ整備がされているわけではない。

本章では、協働による CB の事業展開という視点の導入について検討を行った。そうした視点からは、CB 組織がいかにマルチ・ステークホルダー型組織運営、問題解決型・資源動員型プラットフォーム組織運営を重視しているかが

問われる。そうした運営の中から，新たな商品開発，新たな福祉サービスの開発と事業経営が可能となると考えられる。

そのためには，民間活動としての地域生活問題の適切な把握ときめ細かい対応が求められる。CBのそもそもの性格として，従来の行政組織や民間組織では解決することができなかった，いわゆる地域における狭間の問題への対応があった。そうした問題に，地域特性を生かした地域ネットワークや協働により対応しようというところに特徴がある。それは新たな公共における行政サービスの補完として位置づけられるのではなく，住民の主体的活動によるミクロレベル・メゾレベルの福祉サービスの創出であり，やがてメゾレベル，マクロレベルでの政策批判，政策形成への出発点となるものでもある。

CBの提供などにより，住民の生きがいづくり，福祉コミュニティ意識の形成につながる。それは住民意識の変容と行動の変容を通して，住民の主体形成へとつながるものである。

もちろん身近な生活問題を出発点として，高齢者，退職者，主婦，学生，フリーターといった担い手が参加することにより，生活費の確保だけでなく，生きがいづくりという側面からの新たな雇用の創出が図られる。これにより地域資源の活用，地域の事業者との連携，人材交流により，地域特性により沿った地域産業の活性化に貢献するという側面もある。

4-2　今後の課題

地域福祉の視点からCB事業の積極的な展開を図るうえでの今後の課題として，次のような事項を挙げておきたい。

まず，第1に，福祉政策とCBの関係である。CBのミッションは，行政，他の非営利組織と共通する部分が多い。しかしながら，行政サービスには，必要性，公平性，効率性，有効性という基本原則があり，必ずしもCBのステークホルダーの利害と一致するとは限らない。また，それぞれの非営利組織にはそれぞれのミッションや存在理由があり，社会性では共通していても，事業性，地域性では一致しないことも多い。行政施策は，有権者の意向に沿うものが多く，少数派が多く属するCB関係者との利害は一致するとは限らない。また，一般の営利事業の対象とならない関係者を，CBの対象として事業化を図ることに意味がある。

しかしながら，CBを社会全体で支える意味は大きく，行政による公的支援は非常に重要な意味を持っている。たとえば，SB／CBへの自治体の公的支援

策を見るならば，その代表的なものとして，①資金的支援（融資，補助金など），②普及啓発・情報提供（ガイドブックや事例集の作成，ホームページの設置など），③相談（窓口設置，専門家派遣など），④人材育成（講座開催，起業家育成など），④中間支援団体との連携，⑤活動場所の提供，⑥事業委託，⑦表彰などが，すでに行われている[10]。

　個々のCBによる事業の経営は困難を伴うものであるが，それを個々のCB組織にだけ任せるのではなく，CBを社会全体が支えるという視点が重要である。そこでは，行政だけでなく，企業，非営利組織，地域社会，住民といった地域福祉を担う主体が，それぞれの立場からCBを支えるという考え方が求められるのである。

　第2に，地域福祉計画におけるCBの位置づけである。CB事業による課題の解決に向けては，一事業者の努力には限界があり，社会全体でCBを支えていくことの重要性はすでに述べた。CBが地域社会の中で承認され，支持されるためには，地域福祉計画に明確に位置づけられることが重要である。社会福祉法第107条には，市町村が策定する地域福祉計画に盛り込むべき事項として，①地域における福祉サービスの適切な利用の推進に関する事項，②地域における社会福祉を目的とする事業の健全な発達に関する事項，③地域福祉に関する活動への住民の参加の促進に関する事項が挙げられている。各市町村においては，地域の創意と独自性を活かしながら，これらの事項について具体的な内容を検討するとともに，その他必要な事項を加えて計画に盛り込むこととなる。多様なサービスの開発，振興，参入促進およびこれらと公的サービス支援の中には，民間の新しいサービス事業の開発やコーディネート機能への支援，ボランティア・NPOによる柔軟で機動的なサービス提供，そして，地域活性化や雇用につながるCBなどへの支援が含まれる。

　地域福祉計画の推進はある意味，豊かなソーシャルキャピタルを地域の中に作り出すことでもある。そして，豊かなソーシャルキャピタルの醸成とCBの発展は相互に強く影響しあう関係にある。

　第3に，CB研究と地域福祉研究の課題である。CBは事業体である以前は，ボランティア組織，非営利組織であったことが多い。つまり，CBの多くはボランティア組織，非営利組織から発展してきたということがいえる。その意味で，非営利組織経営論とCB経営論は共通するところも多い。非営利組織を事業体に発展させた場合のCB経営論とはどのようなものなのかという検討は意味あるものであると考える。

地域福祉分野における CB の実践事例研究[11]はきわめて不十分な状況にある。したがって，実践事例の収集と分析，そして理論研究が進められなければならない。そうした取り組みの中で，地域福祉における CB の可能性が明らかになる。

　地域福祉の中で CB がどのような位置づけと役割を持つのかについて，検討を行ってきた。しかし，本章では，CB とコミュニティワークの関連性についてはほとんど触れていない。コミュニティワークでは問題解決のプロセスを中心として，各段階においてどのような手法を用いるのかという点と，各段階においてどのような地域社会資源の動員・開発を行うのかという点が重要視されている。さらに，CB の場合，マネジメント手法，アドミニストレーション手法も同時に必要とされる。また，一方で，地域福祉の隣接科学としての社会起業家論，マーケティング論，社会的企業論などの知見も参考とされなければならない。

　CB は，地域生活上の諸問題の解決とともに住民生活の質的向上を目指す事業でもあり，さらにはソーシャルインクルージョンにつながるものである。それは，地域福祉が歴史的につくりあげてきた住民主体の理念・原則そのものであり，まさに地域密着のビジネスである。地域におけるボランティア活動，非営利活動から始まり，地域のステークホルダーの支持と信頼を得て，協働の場としてのプラットフォームを基盤とする事業展開の中で，その成果を確実なものとすることができる。事業展開は利益至上主義ではなく，むしろ適正な事業規模を維持しつつミッションを優先するところに特徴がある。それはビジネスと非営利活動の中間に位置するものであると言えるのではないだろうか。

1）　内閣府 NPO ホームページによると，2017 年度 7 月末現在の NPO 法人数は，認証法人数が 5 万 1704，認定法人数が 1026 であり，年々増加している。なお，認定制度は 2001 年 10 月に創設されている。
　　内閣府（2017）「特定非営利活動法人の認定数の推移」内閣府 NPO ホームページ（https : //www.npo-homepage.go.jp/about/toukei-info/ninshou-seni）参照。
2）　ステークホルダー（stakeholder）の語意は，賭け金・賭け物預かり人，係争物受寄者，出資者，利害関係者，正当な所有権を有する移住民などである。日本語では「利害関係者」と訳されることが多い。ステークホルダーの代表的な定義にはフリーマン（Freeman）が経営学の視点から述べたものがある。その内容は，「組織の目的達成に影響を与えることができる，あるいは組織の

目的達成によって影響を受ける集団または個人」(Freeman 1984) を示している。すなわち，企業に対する何らかの利害関係者を表しており，主なステークホルダーとして，株主，従業員，顧客，取引先，金融機関，社債権者，地域社会，政府などをあげている（水村 2008）。

　本章ではステークホルダーを，「CB の事業展開に関わって直接・間接的に利害関係を有するもの」と規定し，主なステークホルダーとして，支援者，利用者，経営パートナー，助成・融資機関などを想定している。なお，ステークホルダーについては，本書の序章も参照のこと。

3)　プラットフォーム（platform）の語意は，駅の乗降場，演壇・教壇，階段の踊り場，高台・台地，政党の綱領，平面図・地図，コンピューター動作時の基本的な環境や設定などである。最近では，「さまざまな分野で複数の主体が協働する基盤となる場や仕組み」（諏訪 2010）として使用されている。ちなみに，日本の地域福祉においてプラットフォームという概念が使用されるようになったのは 2000 年に入ってからである。

　本章ではプラットフォームを，「CB を事業として展開していくうえで，地域の人材や組織を媒介し，事業を支援する場」と規定する。

4)　指定管理者制度とは，「住民の福祉を増進する目的をもってその利用に供するための施設である公の施設について，民間事業者等が有するノウハウを活用することにより，住民サービスの質の向上を図っていくことで，施設の設置の目的を効果的に達成するため，平成 15 年 9 月に設けられた」ものである。総務省（2010）「指定管理者制度の運用について」(http://www.soumu.go.jp/main_content/000096783.pdf) 参照。

5)　この点については，本書の海老田論考（第 1 章）を参照のこと。

6)　準市場（Quasi-Market）とは，「法的根拠を持ち公的財源によって提供される公共サービスに市場原理を導入した運営方式」（狭間 2008）のことである。この考え方は，1990 年代にイギリスのルグラン（Le Grand）やバートレット（Bartlett）らによって提唱され，体系化されたものでる。平岡（2002）は，準市場の特徴を次の 3 つに整理している。①サービス費用の相当な部分（社会保険の給付の場合を含めて）を，政府が負担していること，②政府の負担した費用が適切に使用され，また利用者が消費者被害に遭うことを防ぐため，通常の財やサービスよりもかなり広範に政府による規制が行われていること，③サービスの供給組織には，営利企業だけではなく多様な非営利組織（場合によっては公的機関）が含まれること，を挙げている。

7)　資金調達については，本書の髙橋論考（第 3 章）および増子論考（第 4 章）を参照のこと。

8)　この考え方は，1987 年に全国社会福祉協議会から出された「住民参加型在宅福祉サービスの展望と課題」において，住民参加型在宅福祉サービスの特

性のひとつとして,「住民が担い手であり,受け手である」という住民相互の支え合いによるサービス提供システムが示されている。
9) ソーシャルキャピタル (SC: Social Capital) については,様々な定義がなされているが代表的な論者としてアメリカの政治学者であるパットナム (Putnam) を挙げることができる。パットナムは SC を「協調的行動を容易にすることにより社会の効率を改善しうる信頼,規範,ネットワークなどの社会的仕組みの特徴」(Putnam 1993;内閣府国民生活局 2003) であると規定している。日本では,2003 年に内閣府国民生活局から出された調査結果において,SC を「「信頼」「規範」「ネットワーク」といった社会組織の特徴であり,共通の目的に向かって協調行動を導くものとされる。いわば,信頼に裏打ちされた社会的な繋がりあるいは豊かな人間関係と捉えることができよう」と規定している。SC の日本語訳としては「社会資本」(道路,港湾,上下水道などの社会基盤となる公共施設) と区別するために,「社会関係資本」が用いられることが多い。
10) 経済産業省 (2012)「国内におけるソーシャルビジネス支援制度の概要 (都道府県)」(http://www.meti.go.jp/committee/materials/downloadfiles/g70925a08j.pdf) 参照。
11) 実践事例研究については,本書の第 3 部ケーススタディを参照のこと。

第11章

コミュニティビジネス概念の再検討

平川毅彦

1　はじめに
――細内信孝による「コミュニティビジネス」概念の構築と課題――

　コミュニティビジネスという発想を日本社会で最初に提示したのは細内信孝とされている（細内・大山 2003）。「コミュニティ」にせよ「ビジネス」にせよ，日常生活の中でも使用される用語である。しかし，この領域へと足を踏み入れるためには，対象としている概念の範囲を明確にし，その構築過程と背景を明らかにしなければならない。細内は，以下のように記している。

　　この言葉を定義付けるなら，地域住民がよい意味で企業的経営感覚をもち，生活者意識と市民意識のもとに活動する「住民主体の地域事業」ということになります。あるいは，地域コミュニティ内の問題解決と生活の質の向上を目指す「地域コミュニティの元気づくり」を，ビジネスを通じて実現することともいえるでしょう。この，経済的，社会的，文化的，人間的なさまざまな側面から地域コミュニティに住む人々がいきいきと快適に暮らすことに貢献する新しいタイプのビジネスの考え方は，すなわち自分たちの住む地域コミュニティで「自分の仕事起こし」をし，本当の意味での自立を図ろうとすることにほかなりません。（細内 1999：13）

地域住民が行政等に依存することなく，ビジネスの主体者として自立を図ろうという発想の背景には，少子高齢化の進行等による社会構造の変化と，多様な人びととの共生を目指す社会的包摂（ソーシャルインクルージョン）という理念がある。

　　［コミュニティビジネスが目的とする］「地域コミュニティの元気づくり」というのは，「「社会的に排除された人々」が地域社会のなかにいなくなるようにしていく」ということと考えてもいいかもしれません。「社会的に排除された人々」というのは，第一には失業している人たちのことをいい，場合によってはハンディキャップをもった人々を含むこともあります。行政セクターや大企業の限界が明らかになってくるなかで，私は住民自身による「地域コミュニティの元気づくり」を目指していかなければならないと思うのです。(細内 1999：16-17．［　］は引用者による。以下同様)

　コミュニティビジネスは，「シャッター商店街」や「限界集落」といった「地域社会の問題に関する住民の暗いつぶやき」とその解決を出発点とする。こうした問題解決に継続的に取り組むため，「地域コミュニティにビジネスの視点を導入し，生活とビジネスを結んでいくことが必要」（細内 1999：17．傍点は原文のまま）とされる。「福祉，環境，情報，観光・交流，食品加工，まちづくり，商店街の活性化，伝統工芸，安全，金融の 10［テーマ］を策定し，人の顔が見える関係のもと，地域コミュニティでスモールビジネスを起こしていくこと」を細内は呼びかけた（細内 1999：19）。これに呼応する形で，今日に至るまで数多くの実践活動とその報告がなされてきた事実は否定できない。しかし，「コミュニティとは何か」といった議論をあえて避けたところでこうした実践活動が行われてきた点を見逃すわけにはいかない。

　　コミュニティという言葉自体は領域が広く，しかも奥行きが深く，アメリカの社会学者・マッキーバーの定義以来，その意味や定義については百家争鳴しています。私はコミュニティをそうした側面からではなく，例えば空洞化する町工場，基礎集団としての機能が失われていく町内会，業種業態転換を迫られている駅前商店街，若者が流出し高齢化率の高い農山漁村の過疎地など，コミュニティが抱えるさまざまな現場の問題から取り組んでいきたいと考えています。コミュニティの活力を生み出すコミュニティ

のための事業，すなわちコミュニティ・ビジネスを導入し，あたらしい時代の社会開発として，実際の地域コミュニティのなかで実現したいのです。（細内 1999：4）[1]

　マッキーバー本人がこの記述を目にするなら，細内によるコミュニティビジネスを具体性と個別性を特徴とする「アート」とみなすであろう。そして，「科学の援助なくして，アートは決して経験主義以上には発展し得ないし，熱狂は決して規律ある哲学に変換されない」（MacIver 1931＝1988：3）ことを再認識するはずである。「コミュニティ」概念がマッキーバーにまで遡ることを自覚しながら，その概念上の扱いの難しさと，農山村過疎地や衰退商店街における「暗いつぶやき」を背景として，細内が理論的検討を十分にふまえることなく，実践活動に身を投じたことの功罪（多様な事例報告と概念の拡散）を目の前にするとき（西村 2007），いま必要なのは，個々の実践活動を支える理論的支柱としての「サイエンス」である。

2　マッキーバーによる「コミュニティ」定義の理論的背景
　——社会化と個性化（個別化）——

　マッキーバーの代表的な著書である『コミュニティ』（1917＝1975）は，そのサブタイトル「社会学的研究：社会生活の性質と基本法則に関する一試論」とあるように，「地域社会」そのものに関する研究ではない。マッキーバーは特定の目的・関心によって組織されるアソシエーションと対比して，コミュニティを以下のように規定している。

　　私は，コミュニティという語を，村とか町，あるいは地方や国とかもっと広い範囲の共同生活のいずれかの領域を指すのに用いようと思う。ある領域がコミュニティの名に価するには，それより広い領域からそれが何程か区別されなければならず，共同生活はその領域の境界が何らかの意味をもついくつかの独自の特徴をもっている。［中略］あるコミュニティがより広いコミュニティの一部となったり，すべてのコミュニティが程度の問題であるということもあるであろう。［中略］社会関係は最も不十分なものでさえ，世界の果てまでに拡がる社会的接触の連鎖のなかの一部である。このように生起する社会諸関係の無限の系列のなかに，われわれは都市〔市民〕

や民族や部族といったより集約的な共同生活の諸核を識別し，それらを〈すぐれて〉コミュニティとみなすわけである。(MacIver 1917＝1975：46)

「コミュニティ」はあくまで共同生活の単位である。シンプルな社会であれば，これを「地域社会」とイコールで結んでもかまわない。しかし，巨大化・複雑化する現代社会でコミュニティは「社会化」(Socialization)と「個性化（個別化）」(Individualization)[2]という「単一過程の二つの側面」にさらされている。

　人間がより個性化するという場合には，より自律的存在に，すなわち彼自身には固有の価値や真価があるものとして，承認し承認される。自己指導的で，自己決定的な，一段と独自なパーソナリティになることを意味する。さらに，社会化というときには，人間が社会に一層根を深く張る過程，つまり人間の社会的諸関係がより複雑かつ広範囲になる過程，人間が仲間との関係を増大させ，発達させることにおいて，またそのことを通じて彼の生活の実現を見出だす［訳文のまま］過程を意味している。したがって，われわれは法則を次のように表現することが出来る。すなわち，社会性と個性は，社会化と個性化の過程に対応する特質をもっているので，〈社会性と個性は同一歩調で発達するものである〉。(MacIver 1917＝1975：242-243)

　現代社会における一人ひとりの人間は，「生まれ」や「身分」によって規定されることなく，個性的・個別的なライフコースを辿ることが可能であり，社会的にも望ましいとされている。他方，基本的な日常生活であっても，より広範囲に及ぶ制度等による支援がなければ維持することができない。コミュニティという共同生活の単位で，一人ひとりが「自立」していくことが期待される一方で，多様な社会的制度に「依存」することで，こうした自立は可能となる[3]。こうした社会化と個性化（個別化）をめぐって生活上の課題は発生するのであり，その問題解決にあたる専門職が「ソーシャル・ワーカー」なのである。

　私の著書『コミュニティ』において，私は社会進歩の過程の二つの相互補完的様相としての社会化，個別化の原則を強調している。文明がより複雑化するにしたがって，より単純な状況下では直接的な個人的関係を通して提供されていたものが，制度化された多くの諸サービスとして組織化され

なければならない。しかし，これらの巨大な個々の制度は，最初の段階においてはそれらが提供する人々の多様なニーズに合致しない。これらは往々にして硬直化し，規格化し，機械化し，疎遠化し，官僚化しがちである。ソーシャル・ワーカーの仕事は制度を柔軟化させ，一方では変化する社会的状況に，他方では個人的ニーズに対応させることである。ソーシャル・ワーカーの援助なしには，社会制度は私たちの従僕ではなく主人となってしまう。(MacIver 1931＝1988：73)

一人ひとりの構成員が個性化（個別化）されると同時に，社会化を要求される現代社会の特徴と課題が「コミュニティ」という共同生活の場において明らかになる。この「コミュニティ」で明確化された生活上の課題解決に向けた専門的支援がソーシャル・ワークである。

3　マッキーバーとペイジによるコミュニティ定義
────地域性と地域社会感情────

マッキーバーによるここまでの議論から，「社会化」と「個性化（個別化）」から引き起こされた現代社会で生活する人びとの課題と，そうした生活上の課題をトータルに把握するための「コミュニティ」，さらにそうした問題解決のための「ソーシャル・ワーク」という姿が明らかにされた。ここに，「地域性」と「地域社会感情」が加えられたものが，今日まで広く伝わっているマッキーバーとペイジによる「コミュニティの定義」である。

〈コミュニティの定義〉
コミュニティは社会，アソシエーションとともに，ここでの主要な概念である。その具体的な例としては，開拓居留地（pioneer settlement），村，都市，部族，民族（nation）があげられる。人々が特定の関心を分有するのではなく，共同生活の基本的な諸条件を分有して共同生活をしている場合，集団の大小にかかわらず，その集団をわれわれはコミュニティと呼ぶ。人間の生活の一切を包括するところにコミュニティの特色がある。人々は会社組織や教会内で全生活をおくることはできないが，部族や都市であるならそれが可能である。したがってコミュニティの主要な基準は，人々の社会関係のすべてがそのうちにみいだされることである。(MacIver & Page

1949＝1973：22）

〈コミュニティの基礎（bases）〉
コミュニティは，ある程度の社会的結合（social coherence）をもつ社会生活の一定の範域である。コミュニティの基礎は，地域性（locality）と地域社会感情（Community sentiment）である。
(1) 地域性　コミュニティは地域的範域（territorial area）を占有する。[中略] 社会的結束と地域居住との関係が文明の波によってどんなに修正されようと「社会的分類にとっては地域性が最も基礎的な指標となる」（MacIver & Page 1949＝1973：22．傍点は訳文のまま）
(2) 地域社会感情　未開社会ではけっしてみられなかったことであるが，コミュニティの特性である社会的結合を欠いた特定の地域的範域に生活する人々が今日存在する。[中略] ここでは地域性がコミュニティ形成の必要条件であるが，それだけでは十分ではないことを強調しておく。くりかえしていえば，コミュニティは共同生活が行われる一定の範域である。コミュニティには，共同の土地と生活様式の分有に対する自覚がなければならない。（MacIver & Page 1949＝1973：23-24．傍点は訳文のまま）

　こうしてマッキーバーによるコミュニティ概念が「地域社会」を指し示すものとなった経緯が明らかになった。「地域性」と「地域社会感情」が，「コミュニティ」を構成する二大要因とされて今日に至っている。しかし，「社会化」と「個性化（個別化）」の進行に伴いながらすべての社会関係が見出される地域社会とはどのような構造を持ち，またその空間的範囲はどこまで及ぶのであろうか。さらに，そうした地域社会において発生する生活上の課題と，その解決としてのソーシャル・ワークとの間には，いかなる関係性が期待されているのであろうか。「望ましい地域社会類型としてのコミュニティ」を，次いで地域社会におけるソーシャル・ワーク実践の理論的基盤としての「福祉コミュニティ」を手がかりとして検討してみたい[4]。

4　「望ましい地域社会類型」としてのコミュニティ

　日本社会における「コミュニティ」とは，「地域性」と「地域社会感情」を前提とするマッキーバーの「コミュニティ」概念を前提としている。しかし，

その意味内容は現代の都市社会状況における様々な課題解決に向けた「規範的な目標を含む政策概念」(中田 1999：2) であり，地域社会の「望ましい姿」を描いたものである。1969年に発表された国民生活審議会による答申書,「コミュニティ——生活の場における人間性の回復」では以下のように記されている。

> 生活の場において，市民としての自主性と責任を自覚した個人および家庭を構成主体として，地域性と各種の共通目的をもった，開放的でしかも構成員相互に信頼感のある集団を，われわれはコミュニティと呼ぶことにしよう。この概念は近代市民社会において発生する各種機能集団のすべてが含まれるのではなく，そのうちで生活の場に立脚する集団に着目するものである。
> 　コミュニティは従来の古い地域共同体とは異なり，住民の自主性と責任制にもとづいて，多様化する各種の住民要求と創意を実現する集団である。それは生活の場において他の方法ではみたすことのできない固有の役割を果たすものである。(国民生活審議会 1969：2)

高度成長期のひずみとしての公害問題や都市問題と，それに呼応した住民運動等が背景にあることは言うまでもない。とはいえ，地域性と地域社会感情といった要素に加え，伝統的な地域社会とは異なる「望ましい地域社会」としてのコミュニティの姿が明らかにされている。そして，この「望ましい地域社会」の特徴は，奥田道大の論考でいっそう明確にされる。

奥田 (1971) によれば，地域社会は「入れ物」ではなく，それを構成する住民の価値観や主体性如何によって大きく異なったものとなる。地域社会を構成する住民の「行動体系」(主体化－客体化) と「価値意識」(普遍化－特殊化) という2つの軸を交差させ図式化された「地域社会の分析枠組み」が提示される (図11－1)。「望ましい地域社会」としての「コミュニティ」の意味内容が，

図11－1　地域社会の分析枠組み

(出所)　奥田 (1971：139)

それ以外の3類型（伝統的なムラ社会を典型とする「地域共同体」，住民間の分断が進行した「伝統的アノミー」，市民的権利要求が地域の意向に先行する「個我」）との比較において明らかにされる。これに対して「コミュニティ」とは，「自らすすんで行動」して「多様な人びと」を受け入れる地域社会である。

　奥田によるものはあくまで理念的なモデルにすぎない。しかし，それまでの漠然とした地域社会の扱いから，「望ましい地域社会」を「好ましくない地域社会」から峻別することができる。さらに，「コミュニティ」を構成する住民が備えている主体的行動体系と普遍的価値意識は，先に触れたような「コミュニティビジネス」で期待されている担い手のそれと共通している。コミュニティビジネスが「コミュニティ形成」を志向するのは当然である。

5　「社会関係の主体的側面」に基づく「福祉コミュニティ」

「望ましい地域社会類型としてのコミュニティ」という発想から，どのような地域社会を目指すのか，という目標が導き出された。しかし，「だれ」が「なに」を行うのかまでは示されていない。こうした課題に対して，岡村重夫はマッキーバーによる社会学理論の中軸を占める社会化と個性化（個別化）に着目するとともに，社会福祉独自の視点としての「ソーシャル・ワーク」（狭義の社会福祉）の意義を引き出し，「福祉コミュニティ」を提示した。

> マッキーバーはかつてその著書「共同社会」（Community）において，社会進化の過程が社会化（socialization）と個別化（individualization）という二つの側面をもち，この両者が互いに補いあうことを主張したが，ここでも社会制度の成長発展は同時に，その制度の内部において個別化された取扱いを発展させて，制度支配（institutionalism）の欠陥を補うことが必要であるという。このように「社会制度を個人の要求に調和させることが，ソーシャル・ワーカー全般に通ずる機能（general function）である。従ってこれらの社会制度が，各種各様の個人の要求をみたしえない場合に，ソーシャル・ワーカーの仕事が始まるのである」[5]。（岡村 1956：83）

岡村はマッキーバーから「その対象者による限定ではなく，固有の社会的機能」によって「社会福祉の限定」を引き出した（岡村 1956：84）。福祉的支援の対象者へのかつての劣等処遇・選別的処遇から，今日における普遍的処遇の原

則をふまえたものである。
ただし，岡村は，「「社会福祉」は個人全体と社会制度全体との間の関係の欠陥を，固有の対象とする」(岡村 1956：90) のみにとどまらず，社会生活の7つの基本的要求をふまえ，生活者個人の側から社会諸制度との関係性と，そこで発生する課題を見極めたうえで支援を

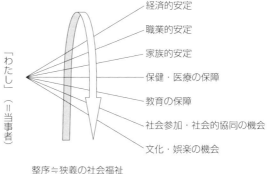

（平川作成）

行う「社会関係の主体的側面」(図11-2) という，岡村社会福祉論の核を導き出した (岡村 1956：120)[6]。生活上の課題は，「経済的安定」や「職業的安定」だけを目指すといったような個別の制度からではなく，一人ひとりの生活当事者の側から見た，7つの主要な制度全体との関係性（不調和・欠損・欠陥）から捉えられなければならない。こうしたニーズはすべての生活当事者に共通している。福祉的支援が必要とされる状態は誰にでも起こりうるからである。

次いで岡村は生活上の課題発生の場であるとともに，本来支援の場となるべき「地域社会」に着目する。

> 社会福祉の対象となるような生活上の困難の発生しているのは，まさしく地域社会においてであるから，その解決の努力も，当然その地域社会のなかで，また，地域社会に向けて行われるのでなくてはならない。ところが従来の社会福祉サービスは，この生活問題発生の場所であり，根源でもある地域社会を無視して，これから離れたところでなされる傾向があった。つまり社会福祉援助の対象者を，問題発生の根源である地域社会や家族からひき離して，収容施設に隔離的に保護することで終ろうとしてきた。それは問題発生の直接の原因としての地域社会や家族の生活状況を無視するものであるから，決して真の問題の解決でも「治療」でもない。(岡村 1974：1-2)

こうした問題解決の場としての地域社会を検討するうえで重要な役割を果た

したのが，先に述べた奥田による「地域社会類型」であった。「望ましい地域社会としてのコミュニティ」は，単純に地域社会を入れ物として考えてきたそれまでの発想に大きな転換をもたらした。しかし，あらゆる地域社会の現状が「コミュニティモデル」ではない。生活上の課題は地域社会で発生している。さらに，生活問題解決としてのソーシャル・ワークという視点に基づくのであれば，大多数に共通する関心をもとに形成される「コミュニティ」は必要条件であっても，十分条件とはならない。そのうえ，現時点で生活上の課題を抱えている具体的な個人が，「望ましい地域社会類型としてのコミュニティ」以外の地域社会で生活している場合，「コミュニティが形成されるまで待つ」ことなどできない。

　ソーシャル・ワークという視点に立つとき，社会化と個性化（個別化）が同時進行する現代社会にあって，日常生活の場としての地域社会で「生きづらさ」を抱えている具体的な個々人[7]に焦点を合わせ，現状把握をふまえたうえでの問題解決を志向する「福祉コミュニティ」形成が第1の目的とされる。「すべての社会関係」が見出されるのは，今日では「地域社会」ではなく，日々生活を営む一人ひとりの「個人」である。その中でも，生活上の課題を抱える個人を中心として形成されるフォーマル／インフォーマルなネットワークから構成される「福祉コミュニティ」こそが，細内によって提示された「コミュニティビジネス」再検討に向けた起点となるのである。

6　コミュニティビジネスが目指す「コミュニティ」

　「望ましい地域社会としてのコミュニティ」形成に先立って，個々の住民が抱える「生きづらさ」に焦点を合わせ，一人ひとりの生活を支える「福祉コミュニティ」を形成する必要がある。コミュニティビジネスに関する様々な事例報告をこの視点から読み直すと，「経済的安定」や「職業的安定」のみならず，「家族的安定」以降，「文化娯楽の機会」に至るまで，すべてが密接に関係している。「家族」や「友人」による協力の下に「起業」し，「利益」をあげる。技術等を学ぶ必要があれば利用する。社会参加の手段であるだけでなく，社会的責任も伴う。保健・医療の裏づけがあれば，「病気」や「障害」を持っていても商売ができる。商売を継続的に進めるためには，単に利益を出すだけでなく，社会的信用も必要である。文化・娯楽の機会を活用するのは言うまでもない（横石 2007；乙川 2014；佐藤 2014）[8]。

コミュニティビジネスは，損益等のリスクをも含む「主体的行動」である。また，「普遍的価値」の裏づけがなければ事業継続は難しい。そして，ここまでの議論をふまえるのであれば，利益・収益が金銭的なものに限定されないことは明らかである。「コミュニティビジネス」の先駆けともいえる，北海道浦河町における精神障害者支援事業所「べてるの家」における理念は，「異質なものを排除しない」，「自分で決める（依存的な生き方から自立した生き方）」である（べてるの家 1992；清水 2002）。全国各地の障害者自立生活センターが果たしてきた役割も同様である（中西 2014）。こうした理念が一人ひとりの「生きづらさ」を抱えた当事者に反映されるだけでなく，「同じ人間」として共感し，自ら行動する住民が増えていくことこそ，正しい意味での「地域活性化」である。
　「コミュニティビジネス」は，日常生活の場で「生きづらさ」を抱える個人が「福祉コミュニティ」を形成する手段であり，ここを起点として最終的に「望ましい地域社会」としての「コミュニティ」形成を目的としたものでなければならない。

7　まとめと課題
――地域的近接性とコミュニティビジネス――

　以上，細内信孝によって提示されたコミュニティビジネス概念について，①社会化と個性化（個別化）を背景としたマッキーバーによる「コミュニティ」，②日本社会における「望ましい地域社会類型としてのコミュニティ」，さらに③個人の生活の全体を捉えて支援を行う「福祉コミュニティ」という視点から検討を行ってきた。日常生活で「生きづらさ」を抱えている個人を中心として，最終的に「望ましい地域社会」を形成するための手段として，コミュニティビジネスは位置づけられなければならないのである。
　しかし，コミュニティビジネスを展開するうえでの地域的・空間的範域と住民意識について，言い換えるならば「地域性と地域社会感情」との関係性について，十分に検討する余地がなくなってしまった。ここでは，「非貨幣的サービス」と「日常生活圏域」という2点を，今後の展開への手がかりとして提示しておきたい。
　生活上の課題解決のための福祉ニーズの中心が「貨幣的ニーズ」から「非貨幣的ニーズ」へと移行したとされるのは，日本社会の高度経済成長がかげりを

見せた1970年代末である(全国社会福祉協議会 1979)。福祉ニーズの大部分は「人的サービス」である。そのニーズは量的に測ることが難しい質的なものであり，その把握のためにニーズを持つ個人との物理的近接性が必要とされる。こうした近接性は充分な人的支援を行うためにも必要である。「ニーズ充足の有効性」と「資源調達と配分の有効性」という2つの基準によって「在宅サービスの地理的範囲」ないし「利用圏」は大きく規定される。交通や情報ネットワークがいかに進展したとしても，こうしたニーズへの対応には「声の届く範囲」「歩いていける距離」といった一定の地域の近接性が必要なのである。

　こうした「非貨幣的サービス」に必要とされる重要な条件である地域的近接性という発想を，近年の介護保険制度運用にあたって取り入れたものが「日常生活圏域」である。主に中学校区を単位として，地域包括支援センターを中心として高齢者に対するデイサービス等の事業所が過度に集中することなく配置され，在宅で支援を受けながら生活を営むことができることを目的とする（長寿社会開発センター 2010）。

　「平成の大合併」によって地方自治体の地理的範囲はいっそう広まり，地域性と地域社会感情を備えた「コミュニティ」からさらに離れたものになっている。これに対して，日常生活圏域は日常生活の場へと近づけようとするものである。そして「コミュニティビジネス」は，この日常生活圏域（歩いて暮らせるコミュニティレベルの圏域）における対人サービスと位置づけられている（国土交通省 2006）。こうした地理的範囲で，生きづらさを抱えた人の生活を支える福祉コミュニティは形成可能だろうか。日常生活圏内でコミュニティビジネスは事業として成立し，また継続可能なのか。そして，普遍的価値意識と主体的行動体系を備えた住民から構成される地域社会形成に，コミュニティビジネスは貢献できるのだろうか。コミュニティビジネスとその実践をめぐる議論は，ようやく出発点へと辿り着いたのである。

1) 「百家争鳴」の根拠として中田ほか（1998）が挙げられている（細内 1999：189）。平川は中田らとともに，そうした事態に関与してきた一人である。
2) Individualizationについて，引用では翻訳者の意向を尊重して「個性化」「個別化」をそのまま併記している。また，以下で触れるSocial evolutionの訳語である「社会進歩」「社会進化」についても同様である。
3) 「自立」とは「すべて自分で行う」ではないということが明らかになる。
4) 「望ましい地域社会類型としてのコミュニティ」および「福祉コミュニティ」

に関する議論については平川（2004；2017）を参照。
5) 岡村（1956：83）。なお，マッキーバーを引用した部分については岡村自身による翻訳（意訳）である。
6) 個々のニーズ項目については岡村（1983）に依っている。
7) 「コミュニティ」ソーシャル・ワーカー勝部は，これを「地域で困っている人」としている（勝部 2016）。
8) 徳島県上勝町における「葉っぱビジネス」を戯曲化した映画作品『人生，いろどり』（2012年，御法川修監督，アミューズエンタテインメント）では，生活上のあらゆる側面でコミュニティビジネスが果たす意義を的確に描いている。

文献一覧

■欧米圏文献（邦訳含：アルファベット順）

Bornstein, D. & Davis, S. 2010. Social Entrepreneurship : What everyone needs to know. Oxford University Press.

Borzaga, C. 2004. From suffocation to re-emergence : the evolution of the Italian third sector. In Evers, A. & Laville, J. eds. 2004. The Third Sector in Europe. Edward Elgar Publishing.（＝内山哲朗・柳沢敏勝（訳）『欧州サードセクター——歴史・理論・政策』日本経済評論社．2007.）

Borzaga, C. & Defourny, J. eds. 2001. The Emergence of Social Enterprise. Routledge.（＝内山哲朗・石塚秀雄・柳沢敏勝（訳）『社会的企業——雇用・福祉のEUサードセクター』日本経済評論社．2004.）

Christie, N. 1993. Crime Control as Industry Third Edition. Routledge.（＝寺澤比奈子・平松毅・長岡徹（訳）『司法改革への警鐘——刑務所がビジネスに』信山社．2002.）

Crabtree, A., Rouncefield, M., Tolmie, P. 2012. Doing Design Ethnography. Springer.

Dees, J. G. 1998. Enterprising Nonprofits. Harvard Business Review. 76 (1-2) : 54-67.

Dees, J. G., Emerson, J. & Economy, P. 2001. Enterprising Nonprofits : A Toolkit for Social Entrepreneurs. Wiley.

Defourny. J. 2001. Introduction : from third sector to social enterprise. In Borzaga, C. & Defourny, J. eds. 2001. The Emergence of Social Enterprise. Routledge. 1-28.

Defourny. J. & Nyssens, M. 2006. Defining Social Enterprise. In Nyssen, M. ed.. Social Enterprise : At the Crossroads of Market, Public Policies and Civil Society. Routledge. 3-26.

Defourny. J. & Nyssens, M. 2012. The EMES Approach of Social Enterprise in a Comparative Perspective. EMES Working Papers. 12 (3) : 1-28.

DiMaggio, P. J. & Anheier, H. K. 1990. The Sociology of Nonprofit Organization and Sectors., Annual Review of Sociology, 16 : 137-159.

Drucker, P. F. & Stern, G.（eds.）1998. The Drucker Foundation Self-Assessment. Jossey-Bass Publishers.（＝田中弥生（監訳）．『非営利組織の成果重視マネジメント——NPO・行政・公益法人のための「自己評価手法」』ダイヤモンド社．2000.）

Evers, A. & Laville, J.(eds.) 2004. The Third Sector in Europe. Edward Elgar Publishing.（＝内山哲朗・柳沢敏勝（訳）『欧州サードセクター——歴史・理論・政策』日本経済評論社．2007．）

Freeman, R. E. 1984. Strategic Management: A Stakeholder Approach. Pitman.

Garfinkel, H. 1967. Studies in Ethnomethodology. Prentice-Hall.

Grove, A. & Berg, G. A.（eds.）2014. Social Business. Springer.

Hardin, G. 1968. The Tragedy of the Commons. Science 162（3859）: 1243-1248.

Heckman, J. J. 2013. Giving Kids a Fair Chance. The MIT Press.（＝古草秀子（訳）『幼児教育の経済学』東洋経済新報社．2015．）

Kelly, K. S. 1998. Effective Fund-Raising Management. Routledge.

Kerlin, J. A. 2009. Social Enterprise: A Global Comparison. Tufts University Press.

Kleinm, N. 2008. The Shock Doctrine: The Rise of Disaster Capitalism. Penguin.（＝幾島幸子・村上由見子（訳）『ショック・ドクトリン——惨事便乗型資本主義の正体を暴く』岩波書店．2011．）

In Borzaga, C. & Defourny. J. eds. The Emergence of Social Enterprise. Routledge.

MacIver, R. M., 1917. Community: A Sociological Study: Being an Attempt to Set Out the Nature and Fundamental Laws of Social Life. Macmillan.（＝中久郎・松本通晴（監訳）『コミュニティ——社会学的研究：社会生活の性質と基本法則に関する一試論』ミネルヴァ書房．1975．）

MacIver, R. M., 1931. The Contribution of Sociology to Social Work. Columbia University Press.（＝小田兼三（訳），『ソーシャル・ワークと社会学——社会学のソーシャル・ワークへの貢献』誠信書房．1988．）

MacIver, R. M., Page, C. H. 1950. Society: An Introductory Analysis. Macmillan.（＝若林敬子・竹内清（部分訳）「コミュニティと地域社会感情」『現代のエスプリ』68：22-30．1973．）

Midgley, J. & Conley, A. 2010. Social Work and Social Development Theories and Skills for Development Social Work. Oxford University Press.（＝宮城孝（監訳）『ソーシャルワークと社会開発——開発型ソーシャルワークの理論とスキル』丸善出版．2012．）

Nicholls, A. ed. 2006. Social Entrepreneurship: New Models of Sustainable Social Change. Oxford University Press.

Nicholls, A. & Cho, A. 2006. Social Entrepreneurship: The Structuration of a Field. In Nicholls, A. ed., Social Entrepreneurship: New Paradigms of Sustainable Social Change, Oxford University Press, 99-118.

Pearce, J. 2003. Social Enterprise in Anytown, Calouste Gulbenkian Foundation.

Porter, M. & Kramer, M. 2002. The competitive advantage of corporate philanthropy. Harvard Business Review. 80（12）：56-68.

Porter, M. & Kramer, M., 2011. Creating Shared Values. Harvard Business Review. 89(1-2)：62-77.（＝DIAMONDハーバード・ビジネス・レビュー編集部（訳）「共通価値の戦略　経済的価値と社会的価値を同時実現する」『DIAMONDハーバード・ビジネス・レビュー 2011年』（Kindle版）ダイヤモンド社．2011.）

Putnam, R. D. 1993. Making Democracy Work：Civic Traditions in Modern Italy. Princeton-University Press（＝河田潤一（訳）『哲学する民主主義――伝統と改革の市民的構造』NTT出版．2001.）

Putnam, R. D. 2000. Bowling Alone：the Collapse and Revival of American Community. Simon & Schuster.（＝柴内康文（訳）『孤独なボウリング――米国コミュニティの崩壊と再生』柏書房．2006.）

Randall, D., Harper, R., & Rouncefield, M. 2010. Fieldwork for Design. Springer.

Rapp, C. A., Goscha, R. J. 2011. The Strengths Model：A Recovery-Oriented Approach to Mental Health Services. Oxford University Press.（＝田中英樹（訳）『ストレングスモデル――リカバリー志向の精神保健福祉サービス　第3版』金剛出版．2014.）

Rawsthorn, A. 2013. Hello World：Where Design Meets Life. Hamish Hamilton.（＝石原薫（訳）『HELLO WORLD――「デザイン」が私たちに必要な理由』フィルムアート社．2013.）

Rosso, H. A. 2010. A Philosophy of Fundraising. In Tempel, E. R., Seiler, T. L., Aldrich, E. E.（eds.）Achieving Excellence in Fundraising 3rd ed. Jossey-Bass. pp3-9.

Saleebey, D.（ed.）1996. Strengths Perspective in Social Work Practice. Longman.

Sandel, M. 2010. Justice：What's the Right Thing to Do? Farrar, Straus and Giroux..（＝鬼澤忍（訳）『これからの「正義」の話をしよう』早川書房．2010.）

Schwartz, B. 2012. Rippling：How Social Entrepreneurs Spread Innovation Throughout the World. Jossey-Bass.（＝藤崎香里（訳）『静かなるイノベーション――私が世界の社会起業家たちに学んだこと』英治出版．2013.）

Sinclair, H. 2012. Confessions of a Microfinance Heretic：How Microlending Lost Its Way and Betrayed the Poor. Berrett-Koehler Publishers.（＝大田直子（訳）『世界は貧困を食いものにしている』朝日新聞出版．2013.）

Smillie, I. 2000. Mastering the Machine Revisited：Poverty, Aid and Technology. Practical Action.（＝千葉敏生（訳）『貧困を救うテクノロジー』イースト・プレス．2015.）

Smith, C. 2007. Design for the Other 90％. Cooper-Hewitt Museum.（＝槌屋詩野（監修），北村陽子（訳）『世界を変えるデザイン――ものづくりには夢がある』英治出版．2009.）

Smith, C. 2011. Design with the Other 90%: Cities. Cooper-Hewitt Museum.（=, 北村陽子（訳）『世界を変えるデザイン2——スラムに学ぶ生活空間のイノベーション』英治出版. 2015.）

Taylor, M. 2004. The welfare mix in the United Kingdom. In Evers, A. & Laville, J. eds. The Third Sector in Europe. Edward Elgar Publishing.（=内山哲朗・柳沢敏勝（訳）『欧州サードセクター——歴史・理論・政策』日本経済評論社. 2007.）

Weisbrod, B. A. 1975. Toward a Theory of the Voluntary Non-profit Sector in a Three Sector Economy. In Edmund, S. P. ed. Altruism, Morality, and Economic Theory. Russell Sage. 171-196.

Weisbrod, B. A. ed. 1988. To Profit or not to Profit: The Commercial Transformation of the Nonprofit Sector. Cambridge University Press.

Yunus, M. 2007. Creating a World Without Poverty. PublicAffairs.（=猪熊弘子（訳）『貧困のない世界を創る——ソーシャル・ビジネスと新しい資本主義』早川書房. 2008.）

Yunus, M. 2010. Building Social Business: The New Kind of Capitalism that Serves Humanity's Most Pressing Needs. University Press Ltd.（=岡田昌治（監修）．千葉敏生（訳）『ソーシャルビジネス革命——世界の課題を解決する新たな経済システム』早川書房. 2010.）

■韓国語文献・報告書等

Community Chest of Korea. 2013. Annual Report 2013. Community Chest of Korea.

イジョンボン．2010．「社会的企業の労働条件現況と課題」『労働社会2010年3・4月号』58-64.

カンチョルヒ他．2010．「韓国共同募金制度の社会的成果と発展課題」延世大学産学協力団．39-46.

キムソンギ．2013．「地域社会基盤社会的企業」聖公会大学社会的企業研究センター.

キムソンギ．2009．「社会的企業の特性に関する争点と含意」『社会福祉政策』36：139-166.

キムジョンウォン．2008．「社会的雇用と社会的企業は民の代替がなれるのか？」『都市と貧困』89：75-93.

キムヨンジョン．2012．「韓国社会サービス供給体制の歴史的経路と争点，改善方向」『保健社会研究』32（2）：41-76.

キムユンホ．2010．「コミュニティビジネスの概念成立に関する研究：社会的企業との区分を目的として」『韓国社会と行政研究』21（1）：275-299.

ソジェヒョク・チャンヨンソク・ジョンジェクァン．2015．『社会的責任，社会的企業』（財）東アジア研究院．175-185.

チャンドンイル，2001，『韓国社会福祉法の理解』学文社．
ノデミョン，2008,「韓国の社会的企業と社会サービス」『保健福祉フォーラム』62-85．
パクジョンユン・クォンヨンチョル，2010,「伝統的企業と社会的企業の連携戦略に関する探索的研究」『ロゴス経営研究』8（1）：1-22．
ユジェオン，2014,『持続可能な社会的企業の体系論的理解：共に働き，生きる世の中づくり』ハンキョン社．
韓国社会的企業振興院ホームページ（http：//m.socialenterprise.or.kr）
韓国社会的企業振興院，2016,「A GUIDE TO SOCIAL ENTERPRISE」
韓国雇用労働部・韓国社会的企業振興院，2016,「2015 社会的企業成果分析」
韓国障害者雇用公団雇用開発院，2016,「企業の障害者雇用実態調査」
全国経済人連合会，2016,「主要企業・企業財団の社会貢献白書2016」
韓国保健福祉部，2016,「保健福祉白書」
韓国障害者雇用公団雇用開発院，2016,「2016年企業体障害者雇用調査」
韓国統計庁，2017,「2016 経済活動人口年報」
韓国雇用労働部，2017,「2017 雇用労働政策」

■日本語文献（翻訳含まず；五十音順）
秋田喜代美・淀川裕美・佐川早季子・鈴木正敏，2016,「保育におけるリーダーシップ研究の展望」『東京大学大学院教育学研究科紀要』56：283-306．
阿部彩，2011,『弱者の居場所がない社会——貧困・格差と社会的包摂』講談社．
池本美香，2015,「保育士不足を考える——幼児期の教育・保育の提供を担う人材供給のあり方」『JRIレビュー』9（1）：2-30．
石田祐，2012,『地域福祉を支える寄付の仕組みに関する研究』全労災協会．
市野川容孝・宇城輝人（編），2013,『社会的なもののために』ナカニシヤ出版．
一番ヶ瀬康子・津曲裕次・河尾豊司（編著），2004,『無名の人 石井筆子——"近代"を問い歴史に埋もれた女性の生涯』ドメス出版．
伊藤修毅，2013,『障害者の就労と福祉的支援：日本における保護雇用のあり方と可能性』かもがわ出版．
伊藤良高，2006,「保育所経営と主任保育士の経営能力」『社会福祉研究所報』38：1-21．
稲垣文彦他，2014,『震災復興が語る農山村再生——地域づくりの本質』コモンズ．
岩田巌，2002,『利潤計算原理 第22版』同文館出版．
岩谷賢伸，2008,「欧米で活発化するマイクロファイナンス投資」『野村資本市場研究所研究レポート——資本市場クォータリー 2008年秋号』239-253．
植木力・川本卓史，2011,『小さな企業のソーシャルビジネス——京都発ソーシャル行き』文理閣．
上原優子，2012,『これからのマイクロファイナンス』TAC出版．

鵜尾雅隆，2009，『ファンドレイジングが社会を変える』三一書房．
宇沢弘文，2000，『社会的共通資本』岩波書店．
宇沢弘文・関良基（編），2015，『社会的共通資本としての森』東京大学出版会．
後房雄・藤岡喜美子，2016，『稼ぐNPO——利益をあげて社会的使命へ突き進む』カナリアコミュニケーションズ．
海老田大五朗・藤瀬竜子・佐藤貴洋，2015，「障害者の労働はどのように「デザイン」されているか？——知的障害者の一般就労を可能にした方法の記述」『保健医療社会学論集』25（2）：52-62．
海老田大五朗・野﨑智仁，2016，「地域のストレングスに基づいた就労支援のデザイン——カフェHのエスノグラフィ」『新潟青陵学会誌』8（3）：29-38．
海老田大五朗・佐藤貴洋・藤瀬竜子，2017，「障害者が使用するミシンのデザイン——協働実践としてのデザイン」『新潟青陵学会誌』9（1）：33-43．
遠藤知子，2015，「公共サービス政策と社会的企業：イギリスの事例から」牧里毎治（監修），川村暁雄・川本健太郎・柴田学・武田丈（編著），『これからの社会的企業に求められるものは何か——カリスマからパートナーシップへ』ミネルヴァ書房．
遠藤ひとみ，2009，「わが国におけるソーシャルビジネス発展の一過程——パートナーシップの形成に向けて」『嘉悦大学研究論集』51（3）：59-77．
大阪市ボランティア情報センター，2006，「大阪市におけるボランティア活動・市民活動の活性化をめざして」
大杉卓三・アシル　アハメッド，2017，『グラミンのソーシャル・ビジネス——世界の社会的課題に挑むイノベーション（増補改訂版）』集広舎．
太田幸充，2009，「民間事業者の取組（美称社会復帰促進センターの現状と課題）」『法律のひろば2009年7月号』24-28．
大林守，2011，「ティッピング・ポイントの数量分析——北アルプス山麓Adventure Gamesのケース」神原理（編著）『ソーシャルビジネスのティッピング・ポイント』白桃書房．
大和田順子，2011，『アグリ・コミュニティビジネス——農村村力×交流力でつむぐ幸せな社会』学芸出版社．
岡耕平，2012，「「障害者雇用」って本当に必要なの？——制度の功罪と雇用の未来」中邑賢龍・福島智（編）『バリアフリー・コンフリクト——争われる身体と共生のゆくえ』東京大学出版会．
岡村重夫，1956，『社会福祉学（総論）』柴田書店．
岡村重夫，1974，『地域福祉論』光生館．
岡村重夫，1983，『社会福祉原論』全国社会福祉協議会．
奥田道大，1971，「コミュニティ形成の論理と住民意識」磯村英一他（編）『都市形成の論理と住民』東京大学出版会．
小倉昌男，2003，『福祉を変える経営——障害者の月給一万円からの脱出』日経BP

文献一覧　　179

社.
小田切徳美，2014,『農山村は消滅しない』岩波書店.
乙川正純，2014,『行商マンのひとり言——車いすに商品をラジオに想いを乗せて』考古堂.
加来耕三，2016,『ユヌス教授のソーシャル・ビジネス』つちや書店.
筧裕介（監修），2011,『地域を変えるデザイン——コミュニティが元気になる30のアイデア』英治出版.
筧裕介，2013,『ソーシャルデザイン実践ガイド——地域の課題を解決する7つのステップ』英治出版.
カセム，ジュリア他（編著），2014,『インクルーシブデザイン——社会の課題を解決する参加型デザイン』学芸出版社.
勝部麗子，2016,『ひとりぼっちをつくらない——コミュニティソーシャルワーカーの仕事』全国社会福祉協議会.
加藤恵正，2004,「都市生活とコミュニティ・ビジネス」植田和弘・神野直彦・西村幸夫・間宮陽介（編）『岩波講座都市の再生を考える 第4巻 都市経済と産業再生』69-99.
神原理・大林守，2011,「ソーシャルビジネスのティッピング・ポイント——概念とケース分析」神原理（編著）『ソーシャルビジネスのティッピング・ポイント』白桃書房.
川本健太郎，2015,「社会参加を促進する社会的企業——障害者の労働参加の事例から」牧里毎治（監修），川村暁雄・川本健太郎・柴田学・武田丈（編著）『これからの社会的企業に求められるものは何か——カリスマからパートナーシップへ』ミネルヴァ書房.
姜美羅・落合俊郎，2011,「韓国の社会的企業の現状と課題」『特別支援教育実践センター研究紀要』9：39-50.
北田暁大，2016,「彼女たちの「社会的なもの the social」——世紀転換期アメリカにおけるソーシャルワークの専門職化をめぐって」酒井泰斗・浦野茂・前田泰樹・中村和生・小宮友根（編），『概念分析の社会学2』ナカニシヤ出版.
木村直恵，2014,「「社会学」と出会ったときに人々が出会っていたもの——日本社会学史の原点について」『現代思想2014年12月号 特集＝社会学の行方』青土社.
木村富美子，2008,「日本の社会的責任投資（SRI）の特徴と今後の展開」『創価大学通信教育部論集』11：1-19.
木村富美子・萩原清子・堀江典子・朝日ちさと，2015,「社会的企業の特徴と社会的課題との関連に関する考察」『地域学研究』45（1）：87-100.
倉持香苗，2014,『コミュニティカフェと地域社会——支え合う関係を構築するソーシャルワーク実践』明石書店.
黒木利克，1958,『日本社会事業現代化論』全国社会福祉協議会.

呉世雄，2017，「韓国の社会的企業育成法の成果と課題」『社会福祉学』58（2）：80-93．
国民生活審議会調査部会（編），1969，『コミュニティ──生活の場における人間性の回復（答申）』大蔵省印刷局．
小暮真久，2012，『社会をよくしてお金も稼げるしくみのつくりかた──マッキンゼーでは気づけなかった世界を動かすビジネスモデル「Winの累乗」』ダイヤモンド社．
小竹伸夫，2007，「美祢社会復帰促進センターについて（7）──刑務所と地域との共生に向けて」『ジュリスト』1333：67-70．
小林康志，2017，「コミュニティ・ビジネス発展段階のモデル化に向けた一考察」『農林業問題研究』53（1）：20-30．
駒崎弘樹，2010，『「社会を変える」お金の使い方──投票としての寄付 投資としての寄付』英治出版．
駒崎弘樹，2016a，『社会を変えたい人のためのソーシャルビジネス入門』PHP研究所．
駒崎弘樹，2016b，「待機児童をどう減らすか」『公明』127：8-13．
嵯峨生馬，2011，『プロボノ──新しい社会貢献 新しい働き方』勁草書房．
榊原美樹，2016，「小地域福祉活動の変化と現状──A県市町村社会福祉協議会に対する2時点調査の結果から」『明治学院大学社会学・社会福祉学研究』146：117-138．
坂本忠次，2010，「わが国社会的企業等に関する一考察」『関西福祉大学社会福祉学部研究紀要』（13）：147-153．
坂本恒夫・丹野安子・菅井徹郎（編著），2017，『NPO，そしてソーシャルビジネス』文眞堂．
佐藤陽，2010，「新たな公共空間を創出する学習と実践の場の創造──地域を基盤とする福祉教育推進プラットフォーム」『日本福祉教育・ボランティア学習学会研究紀要』16：8-21．
佐藤仙務，2014，『寝たきりだけど社長やってます──19歳で社長になった重度障がい者の物語』彩図社．
佐藤紘毅・伊藤由理子（編），2006，『イタリア社会協働組合B型をたずねて』同時代社．
佐藤正弘，2010，「新時代のマルチステークホルダー・プロセスとソーシャル・イノベーション」『季刊政策・経営研究』3：109-132．
佐橋克彦，2006，『福祉サービスの準市場化──保育・介護・支援費制度の比較から』ミネルヴァ書房．
塩崎賢明，2014，『復興〈災害〉──阪神・淡路大震災と東日本大震災』岩波書店．
事業構想大学院大学出版部，2014，「水ビジネス」『月刊事業構想 8月号』事業構想大学院大学出版部．
事業構想大学院大学出版部，2015，「子育て支援ビジネス」『月刊事業構想 11月号』事業構想大学院大学出版部．

宍戸明美，2008，「「福祉サービス化」における「社会企業」台頭の意味」『名古屋学院大学論集』44（4）：135-173．

柴田学，2011，「日本における社会起業理論を再考する——地域福祉への新たな視座を求めて」『Human welfare』3（1）：91-105．

柴田学，2014，「地域福祉におけるコミュニティ・ビジネスの可能性——コミュニティ・ビジネスの実践事例をもとに」『Human Welfare』6（1）：77-92．

渋川智明，2017，『ソーシャルビジネスで地方創生——地域を甦らせた映画のまちづくり』ぎょうせい．

島田昌和，2011，『渋沢栄一——社会企業家の先駆者』岩波書店．

清水義晴，2002，『変革は，弱いところ，小さいところ，遠いところから』太郎次郎社．

社会福祉士養成講座編集委員会（編），2016，『新・社会福祉士養成講座11 福祉サービスの組織と経営 第4版』中央法規．

神野直彦・牧里毎治（編著），2012，『社会起業入門——社会を変えるという仕事』ミネルヴァ書房．

慎泰俊，2013，『働きながら，社会を変える。——ビジネスパーソン「子どもの貧困」に挑む』英治出版．

杉岡秀紀・青山公三（編著），2015，『地域力再生とプロボノ——行政におけるプロボノ活用の最前線』公人の友社．

杉山章子，2009，「マイクロファイナンスの商業化」『LIP Report』1：1-26．

諏訪徹，2010，「福祉教育・ボランティア学習を推進するプラットフォーム——その構成要素，特質，意義」『日本福祉教育・ボランティア学習学会研究紀要』16：22-31．

関満博，2015，『震災復興と地域産業6——復興を支えるNPO，社会企業家』新評論．

全国社会福祉協議会（編），1979，『在宅福祉サービスの戦略』全国社会福祉協議会．

全国社会福祉協議会・住民主体による民間有料（非営利）在宅福祉サービスのあり方に関する研究委員会，1987，「住民参加型在宅福祉サービスの展望と課題」全国社会福祉協議会．

全国社会福祉協議会政策委員会，2012，「新たな福祉課題・生活課題への対応と社会福祉法人の役割に関する検討会報告書」全国社会福祉協議会．

全国社会福祉協議会・新たな子ども家庭福祉の推進基盤の形成に向けた取り組みに関する検討委員会，2014，「子どもの育ちを支える新たなプラットフォーム——みんなで取り組む地域の基盤づくり」全国社会福祉協議会．

ソーシャルデザイン会議実行委員会（編著），2013，『希望をつくる仕事 ソーシャルデザイン』宣伝会議．

田尾雅夫・吉田忠彦，2009，『非営利組織論』有斐閣．

高瀬善夫，1982，『一路白頭ニ到ル——留岡幸助の生涯』岩波書店．

高間満，2016，「韓国における社会的企業の現状と課題」『神戸学院総合リハビリテーション研究』11（2）1-13.

谷本寛治（編著），2004，『CSR経営——企業の社会的責任とステイクホルダー』中央経済社.

谷本寛治（編著），2006，『ソーシャル・エンタープライズ——社会的企業の台頭』中央経済社.

谷本寛治・唐木宏一・SIJ（編著），2007，『ソーシャル・アントレプレナーシップ——想いが社会を変える』NTT出版.

中央募金会，2013，『共同募金ハンドブック』中央募金会.

長寿社会開発センター，2011，『日常生活圏域ニーズ調査等に関する調査研究委員会報告書』財団法人長寿社会開発センター.

塚本一郎・山岸秀雄（編著），2008，『ソーシャル・エンタープライズ——社会貢献をビジネスにする』丸善出版.

塚本一郎・関正雄（編著），2012，『社会貢献によるビジネス・イノベーション——「CSR」を超えて』丸善出版.

坪井ひろみ，2006，『グラミン銀行を知っていますか——貧困女性の開発と自立支援』東洋経済新報社.

妻鹿ふみ子，2010，『地域福祉の今を学ぶ——理論・実践・スキル』ミネルヴァ書房.

手塚文哉，2009，「官民協働による新たな刑務所の運営（美祢社会復帰促進センターの現状と課題）」『法律のひろば2009年7月号』17-23.

徳永洋子，2016，『改訂版ファンドレイジング入門』日本ファンドレイジング協会.

富澤拓志，2011，「鹿児島における新しいソーシャルビジネス——鹿児島天文館総合研究所　Ten-Lab」地域総合研究39（1・2）：73-81.

永沢映，2015，「自治体におけるコミュニティビジネスとソーシャルビジネスの役割」『アカデミア』115：26-31.

中田実・板倉達文・黒田由彦（編），1998，『地域共同管理の現在』東信堂.

中田実，1999，「背反か連携か——町内会とコミュニティ」『コミュニティ政策研究』1：1-2.

中西正司，2014，『自立生活運動史——社会変革の戦略と戦術』現代書館.

西田博，2012，『新しい刑務所のかたち——未来を切り拓くPFI刑務所の挑戦』小学館集英社プロダクション.

西村剛，2007，「コミュニティ・ビジネスの定義について——都道府県，国の機関，その他の団体，個人における定義の整理」『産業と経済』22（3）：191-224.

西村佳哲，2016，「出会いをカタチにする」淡路はたらくカタチ研究島（監修）『地域×クリエイティブ×仕事——淡路島発ローカルをデザインする』学芸出版社.

西村亘，2009，「誘致自治体の取組——美祢社会復帰促進センターの現状と課題」『法律のひろば2009年7月号』29-33.

根本祐二，2013，『「豊かな地域」はどこがちがうのか——地域間競争の時代』筑摩書房．

野中郁次郎・廣瀬文乃・平田透，2014，『実践ソーシャルイノベーション——知を価値に変えたコミュニティ・企業・NPO』千倉書房．

狭間直樹，2008，「社会保障の行政管理と「準市場」の課題」『季刊社会保障研究』44（1）：70-81．

橋本理，2007，「コミュニティビジネス論の展開とその問題」『関西大学社会学部紀要』38（2）：5-42．

橋本理，2009，「社会的企業論の現状と課題」『市政研究』162：130-159．

橋本理，2011，「「労働統合型社会的企業」論の展開——韓国の事例から」『関西大学社会学部紀要』42（3）：83-102．

橋本理，2015，「社会的企業の経営探究——企業形態としての独自性とその矛盾」『経営学論集』85：54-63．

はたらくよろこびデザイン室，2013，「A型事業所はなにを考え，なにをしているのか？」『コトノネ』6：33-41．

林倬史・古井仁（編），2012，『多国籍企業とグローバルビジネス』，税務経理協会．

林康史・刘振楠，2015，「グラミン銀行とマイクロファイナンスのコンセプト」『立正大学経済学季報』64（4）：139-164．

速水智子，2011，「ソーシャルビジネスの収入構造における一考察——かものはしプロジェクトを中心として」『中京企業研究』33：67-74．

原田誠司，2010，「ソーシャル・ビジネスへの視点——地域におけるソーシャルビジネス起こしに向けて」『長岡大学研究論叢』8：13-25．

PwC Japan, 2016，「シェアリングエコノミー——コンシューマーインテリジェンスシリーズ」PwC Japan．

平岡公一，2002,「社会福祉の実施方法とその原理」岩田正美・武川正吾・永岡正己・平岡公一（編）『ソーシャルワーク実践の基礎理論』133-163．

平川毅彦，2004，『「福祉コミュニティ」と地域社会』世界思想社．

平川毅彦，2012，「望ましい地域社会としての「コミュニティ」——「負の遺産」清算過程という側面から」『新潟青陵学会誌』4（3）：1-10．

平川毅彦，2017，『社会関係の主体的側面と福祉コミュニティ』ブイツーソリューション．

平田譲二（編著），2012，『ソーシャル・ビジネスの経営学』中央経済社．

平野隆之・宮城孝・山口稔（編），2008，『コミュニティとソーシャルワーク〔新版〕』有斐閣．

福井信佳・酒井ひとみ・橋本卓也，2014，「精神障がい者の離職率に関する研究——最近10年間の分析」『保健医療学雑誌』5（1）：15-21．

福地潮人，2010，「障害者雇用をめぐる新しいガバナンス——スウェーデンを事例に」

『中部学院大学・中部学院大学短期大学部研究紀要』11：110-121.

藤井敦史，2010,「社会的企業とは何か——二つの理論的潮流をめぐって」原田晃樹・藤井敦史・松井真理子（編）『NPO再構築への道——パートナーシップを支える仕組み』勁草書房，103-123.

藤井敦史・原田晃樹・大高研道（編著），2013,『闘う社会的企業——コミュニティ・エンパワーメントの担い手』勁草書房．

藤岡純一，2012,「スウェーデンの社会的企業と公的支援」『関西福祉大学社会福祉学部研究紀要』16（1）：9-19.

藤沢烈・青柳光昌・岡本全勝，2016,『東日本大震災　復興が日本を変える——行政・企業・NPOの未来のかたち』ぎょうせい．

藤本哲也，2007,「犯罪学の散歩道（177）我が国初の民営刑務所——美祢社会復帰促進センター」『戸籍時報』616：76-82.

藤本哲也，2013,『新時代の矯正と更生保護』現代人文社．

古川美穂，2015,『東北ショック・ドクトリン』岩波書店．

べてるの家の本製作委員会（編），1992,『べてるの家の本——和解の時代（とき）』（発行者　清水義晴）べてるの家．

細内信孝，1999,『コミュニティ・ビジネス』中央大学出版部．

細内信孝，2010,『新版コミュニティ・ビジネス』学芸出版社．

細内信孝・大山博，2003,「ウォッチング2003　コミュニティ・ビジネスと地域福祉の交錯からまちづくりを展望する」『月間福祉』86（10）：58-65.

本間正明・金子郁容・山内直人・大沢真知子・玄田有史，2003,『コミュニティビジネスの時代——NPOが変える産業，社会，そして個人』岩波書店．

牧里毎治（監修），川村暁雄・川本健太郎・柴田学・武田丈（編著），2015,『これからの社会的企業に求められるものは何か——カリスマからパートナーシップへ』ミネルヴァ書房．

増子正，2013,「地域福祉を支える共同募金改革への市民意識に関する研究」『日本地域政策研究』11：203-210.

増子正，2017,「躍進を続ける韓国共同募金の背景」『総合人間科学』5：89-91.

増田寛也（編著），2014,『地方消滅——東京一極集中が招く人口急減』中央公論新社．

町田洋次，2000,『社会起業家——「よい社会」をつくる人たち』PHP研究所．

松浦幸子，1997,『不思議なレストラン——心病む人たちとこの街で暮らしたい』教育史料出版．

松浦幸子，2002,『続不思議なレストラン——君はひとりぼっちじゃない』教育史料出版会．

松本潔，2008,「コミュニティ・ビジネスにおける組織概念に関する一考察——「ソーシャル・キャピタル」と「場」のマネジメント概念を通じて」『自由が丘産能短期大学紀要』41：15-38.

松本健太郎，2017,「美祢社会復帰促進センター及び島根あさひ社会復帰促進センターの事業期間前半における実施状況の評価及び今後の運営の在り方などについて——PFI 手法による刑事施設の運営事業の在り方に関する有識者会議報告書の概要」『刑事政策』128（7）：102-113．
みずほ総合研究所，2017,「社会復帰促進センターの地域への経済効果に関する調査報告書」みずほ総合研究所．
水村典弘，2004,『現代企業とステークホルダー——ステークホルダー型企業モデルの新構想』文眞堂．
水村典弘，2008,『ビジネスと倫理——ステークホルダー・マネジメントと価値創造』文眞堂．
三井住友信託銀行，2011,『わが国寄付動向について　調査報告』調査レポート No.74，三井住友信託銀行．
宮本歩美他，2015,「奨学金制度改革とパーソナルファイナンス教育」日本 FP 協会．
森重昌之，2013,「地域プラットフォームの活動の持続に向けた条件——淡路おみなの会の活動を事例に」『阪南論集．人文・自然科学編』48（2）：71-82．
安池雅典・楠本敏博，2016,「ソーシャルビジネスの資金調達の現状について——「社会的問題と事業との関わりに関するアンケート結果」より」『日本政策金融公庫論集』33：17-26．
矢藤誠慈郎，2015,「保育リーダーの研修による保育の質の向上へ　マネジメントが求められる時代の保育リーダー研修とは」『発達』142：50-56．
柳田邦男，2004,『阪神・淡路大震災 10 年——新しい市民社会のために』岩波書店．
山口直也，2005,「刑事施設に関する日本版 PFI 構想の問題点」『龍谷大学矯正・保護研究センター研究年報』2：24-38．
山口稔，2000,『社会福祉協議会理論の形成と発展』八千代出版．
山口稔・山口尚子・豊田宗裕（編著），2005,『地域福祉とソーシャルワーク実践〔理論編〕』樹村房．
山崎亮，2011,『コミュニティデザイン——人がつながるしくみをつくる』学芸出版社．
山下祐介，2014,『地方消滅の罠——「増田レポート」と人口減少社会の正体』筑摩書房．
山田英二，2008,『諸外国における寄附の状況と税制の役割』東京都主税局配布資料．
山村靖彦，2012,「社会資源としてのソーシャル・キャピタル——地域福祉の視座から」『別府大学短期大学部紀要』31：23-33．
由良聡，2014,「現代企業の社会意識」鈴木良隆（編）『ソーシャル・エンタープライズ論——自立をめざす事業の核心』有斐閣．
横石知二，2007,『そうだ葉っぱを売ろう！——過疎の町，どん底からの再生』ソフトバンククリエイティブ．

米倉誠一郎（監修），竹井善昭（著），2010，『社会貢献でメシを食う。——だから，僕らはプロフェッショナルをめざす』ダイヤモンド社．
米澤旦，2009，「労働統合型社会的企業における資源の混合——共同連を事例として」『ソシオロゴス』33：101-122．
米澤旦，2011，『労働統合型社会的企業の可能性——障害者就労における社会的包摂へのアプローチ』ミネルヴァ書房．
米澤旦，2013，「ハイブリッド組織としての社会的企業・再考——対象特定化の困難と対応策」『大原社会問題研究所』662：48-63．
米澤旦，2017，『社会的企業への新しい見方——社会政策のなかのサードセクター』ミネルヴァ書房．
渡辺一城，2016，「ファンドレイジングの処方としての街頭募金①」『Glocal Tenri』17（1）：9．

■官公庁報告書等（URL省略）
【経済産業省関連】
「ソーシャルビジネス研究会——議事録」（第1回 2007.9.25.；第2回 2007.10.22.；第3回 2007.11.21.；第4回 2007.12.10.；第5回 2008.2.18.；第6回 2008.3.28.）
「ソーシャルビジネス研究会報告書」（2008）
「ソーシャルビジネス／コミュニティビジネス『評価のあり方』」（2009）
「ソーシャルビジネス55選」（2009）
「ソーシャルビジネス推進研究会報告書」（2011）
「Social Business Casebook：地域に「つながり」と「広がり」を生み出すヒント」（2011）
「ソーシャルビジネスの定義について」（2012）
「ソーシャルビジネスWG報告：ソーシャルビジネスの現状と課題」（2013）
「コミュニティビジネス事例集2014」（経済産業省関東経済産業局．2014）
「コミュニティビジネス事例集2015」（経済産業省関東経済産業局．2015）
「コミュニティビジネス事例集2016」（経済産業省関東経済産業局．2016）
【厚生労働省関連】
「市町村地域福祉計画及び都道府県地域福祉支援計画策定指針の在り方について（一人ひとりの地域住民への訴え）」（2002）
「保育士確保プラン」（2015）
「障害者の就労支援について」（2015）
「保育所保育指針」（2017）
【国土交通省関連】
「NPOによるボランティア活動の支援方策に関する研究」（国土交通政策研究　第41号，2005）

「第 6 回ライフスタイル・生活専門委員会（H18.2.24 開催）配布資料」(2006)
【総務省関連】
「指定管理者制度の運用について」(2010)
「平成 28 年版情報通信白書」(2016)
「平成 29 年版情報通信白書」(2017)
【内閣府関連】
「ソーシャル・キャピタル：豊かな人間関係と市民活動の好循環を求めて」(2003)
「地方再生戦略」(2007)
「新しい公共とソーシャルビジネス，コミュニティビジネス」(2012)
【法務省関連】
「社会復帰シンポジウム　美祢社会復帰促進センターにおける再犯ゼロに向けた取組」
　（美祢社会復帰促進センター社会復帰シンポジウム実行委員会．2008）
「PFI 手法による刑事施設の運営事業の在り方に関する検討会議報告書」(2017)

おわりに

　例えばソーシャルベンチャーのように,「社会的な課題の解決」から可能性を探ることもできる。
　でも僕はその切り口が少々苦手だ。実際に起業に至っている人たちは一味もふた味も違うのだけど,「社会的起業家を目指している」ことを声高に語る人のなかには,社会課題を語ることで居場所を得ていて,その人自身の居場所は語らない。[中略]
　どこかで仕入れた社会課題をネタにしながら,本人がそれに乗っ取られているように見えることさえある。
　そういう人たちは,目の前にいても,そこに「いる」感じがあまりしない。
　私たちは日々いろんな人に会っているが,役割や話題のかげに身を隠して,本当に出会ってはいないなあということを時々思う。楽しそうでも実は満足していない。
　そうではなく。自分がいて,あなたがいて。どちらも「今,ここにいる」感じを共有できているときに,私たちは互いに満足しているように見える。「する」でも「される」でもない,互いに「いる」感覚。課題解決でもないマーケティングでもない,そんな時間のなかから生まれてくる仕事が,今この社会に必要なんじゃないか。
　　　　　　　　　　　　　　　　　　　　　　　　　　（西村 2016：78）

　本書を編むにあたり,編者の一人である海老田が望まなかったことのひとつが,1章でも述べたような「「どの企業運営がソーシャルビジネスで,どの企業運営がコミュニティビジネスか」という「強い境界区分法」を前提とするような,ソーシャルビジネス／コミュニティビジネスそれぞれの定義に関わる」議論への固執である。もちろん本書が論文集である以上,この論点については何らかのアイディアを示さなければならず,この2つの概念区分については実際に本書1章で述べたつもりである。しかしながらソーシャルビジネス／コミュニティビジネスの実践を抜きにしてこれら2つの概念区分を語ることに,後ろめたさを覚えてしまうのも事実である。そもそもこの区分を事業実践者た

ちは必要としているのだろうか。海老田がこの手の議論に後ろ向きである理由のひとつは、上記引用の中にヒントがある。つまり「社会的課題の独り歩き」感である。成功した社会的起業家から多くを学び、ときには模倣すること自体に問題があるわけではない。むしろ一部の若者に対しては奨励されるべきことでさえある（詳しくは本書5章三浦論考を参照）。他方で、社会的課題を欲しているのは社会的起業家やそのアドバイザー、起業コンサルタントや研究者ではないかと言いたくなるときもある。つまり、議論の中に、社会的課題に関わる当事者やコミュニティの不在を感じるとき、一抹の虚しさを覚えるのである。わずかな綻びも見逃さない慧眼と不必要な煽りは紙一重であるがその判断は難しく、誰にとっての課題なのかが欠如した議論の空虚感が、筆者の感じる「社会的課題の独り歩き」感の一部に他ならない。

　また、コミュニティ概念と強く結びつく「共在」への期待も、この引用文にはよく示されているように思う。ここでの「共在」とは、「現前の人びとに敬意を払い、固定的な役割を当てはめるのではなく、あくまで個々の人間として時間と空間を共有すること」くらいの意味になるだろう。本書でのコミュニティ概念への期待とは、このような意味での「共在」への期待と重ね合わせることもできる。

　本書を公刊するにあたり、多くの人びとに支えられた。各章についての調査や研究の協力者の貢献に対しては、各章で謝辞が述べられている。ここでは一冊の本として本書が公刊される過程をふまえ、感謝の意を記したい。なお、本書では、ホームページなどweb上の様々なところから適宜情報を収集しているが、各ページへのアクセス日時はすべて本書が執筆された2016年10月ころから2017年10月ころの間であり、日時の詳細については割愛した。また、公的機関の発行する報告書などの引用元を示すとき、本書を読んで参照する際にURLを直接入力する読者はいないであろうと判断し、URLの記載を省略したものもある。この点、誠に勝手ながら関係各位にはご理解ご了承いただきたい。

　本書のカバーに使用されているだるまのイラストは、新潟市の「まちごと美術館CotoCoto」様と作家の近元喜様より提供いただいた作品である。「まちごと美術館CotoCoto」は、株式会社バウハウスとNPO法人アートキャンプ新潟が中心になった共同事業であり、「障がいがある人の作品リースを通して、障がいがある人と社会、人と人との関係を結び、コトコトと深めていこうとする

取り組み」(まちごと美術館 HP 参照 http://cotocoto-museum.com/)である。この事業理念は，本書の目指しているところと共鳴するところが多く，編者の一人である海老田から「まちごと美術館 CotoCoto」の肥田野正明館長へ，表紙絵使用の提案をさせていただいた。素晴らしい作品の中から執筆者一同とナカニシヤ出版社の協議により，表紙の絵がセレクトされた。本書の表紙絵の使用に快くご協力いただいた「まちごと美術館 CotoCoto」様と作家の近元喜様に感謝申し上げる。

執筆者の多くのが学校法人新潟青陵学園に所属していることからもわかるとおり，もともとは新潟青陵大学・短期大学部内で組織された小さな研究会「ソーシャル・ビジネス研究会」が，本書の出発点である。この研究会が主催して6回の研究フォーラムを開催し，執筆陣が話題提供を行い，フォーラム参加者たちで意見交換を行っている。ご多用のなかフォーラムに参加いただいた多くの同僚たちに感謝申し上げたい。

フォーラムの回を重ねていく中で，編者の一人である海老田がナカニシヤ出版の石崎雄高氏に連絡をとり，本書についてのアイディアを話したところ，出版についての前向きな返事をいただいた。正直なところ，地方私大の若手研究者がほとんどであるこのメンバーで出版までたどり着けるか，編者自身不安であったが，新潟青陵大学共同研究費（出版助成）を申請し，助成を受けることになったことで，本書出版の覚悟を決めた。このタイミングで新潟青陵大学・短期大学部外の執筆者である増子正氏，川本健太郎氏，野﨑智仁氏，社会福祉法人あずみ福祉会のみなさまにも執筆協力を要請した。出版計画を進めていただいたナカニシヤ出版の石崎雄高氏と，出版助成の申請を受理していただいた新潟青陵大学学術研究委員会，執筆協力の要請に応えていただいたみなさまに感謝申し上げる。

最後に本書を最後まで読み通していただいた読者のみなさまに感謝申し上げる。本書は専門領域も学術的なバックグランドも異なる若手研究者たちが，社会的弱者と，そうした人びとを支えるコミュニティや人びととの双方に益するような関係を築きつつ，「これからの地域や福祉はいかにして持続可能なのか」を検討したものである。この問題を共有する読者のみなさまよりご批判賜れば，執筆陣一同望外の喜びである。

海老田大五朗

索　引

ア　行

エヴァース（A. Evers）　21, 22
岡村重夫　168, 169, 173
奥田道大　167, 168, 170
　　　　　　＊
アクティブラーニング　112, 114
新しい価値の創造　151, 155
新たな公共　150, 156
ESG（Environment, Social, Governance）　50, 56
依存　6, 27, 38, 49, 64, 122, 142, 162, 164, 171
NPO法（特定非営利活動促進法）　47, 54, 148
NPO法人（特定非営利活動法人）　7, 11, 37, 40, 46-48, 52, 54, 55, 59, 76, 78, 82, 84, 87, 88, 118, 122, 127-130, 148, 151, 155, 158, 190
MOP（Middle of the economic Pyramid）　44
エンパワメント　9, 85, 86, 88

カ　行

クラマー（M. Kramer）　5, 6
ゴスチャ（R. J. Goscha）　117
コンリー（A. Conley）　85
　　　　　　＊
開発型ソーシャルワーク　85-87
活動基準原価計算（Activity Based Costing）　53
韓国共同募金会　64, 66-68, 71
キャパシティ・ビルディング（Capacity Building）　49, 55
共通善　20
共同募金　50, 55, 59, 60, 62-71
興味・関心　105, 112, 113, 115
クラウドファンディング（Crowd Funding）　50, 81, 84
グラミン銀行　14, 18
経済協力開発機構（OECD）　64, 145

刑事施設　9, 89, 90, 92, 94, 95, 97, 98, 101, 102
刑事司法　9, 89, 90, 96, 99-101
ゲストハウス「架け橋」　76-84, 87
気仙沼（市）　75, 76, 78, 79, 81, 83, 84, 87
公益法人　37, 47, 55
更生　61, 89, 90, 93, 97-101, 134
構成員課税　48, 55
国民生活審議会　167
コーズリレーテッドマーケティング（CRM）　27, 41, 50
個性化（Individualization）　10, 163-166, 168, 170-172
固定長期適合率　51, 56
固定比率　51, 56
子ども子育て支援新制度　104, 105
コミュニティファンド　60, 61

サ　行

サリービー（Saleebey）　117
　　　　　　＊
財団法人　47, 55
財務分析　51-53
サステナブル投資（Sustainable Investing）　50, 56
サードセクター　9, 22-24, 26, 28, 32, 33, 35, 39, 91, 92
シェアリングエコノミー　50, 51
CSR（Corporate Social Responsibility）　5, 6, 11, 27, 35
CSV（Creating Shared Value）　5
事業協同組合　48
事業報告書　47, 145
市場の失敗　4, 10, 31, 44-46, 49, 54
持続可能な開発目標（SDGs）　45, 115, 116
実践知　20
社会化（Socialization）　10, 142, 163-166, 168, 170, 171
社会開発　9, 85, 86, 163, 172
社会関係の主体的側面　168, 169

社会的排除(Social Exclusion)　　31, 35, 36, 39, 74, 87, 100, 131
社会的包摂(Social Inclusion)　　37, 100, 162
社会福祉協議会　59-61, 71, 149, 150, 152, 159, 172
社会福祉法　58, 61, 71, 149, 157
社会福祉法人　あすみ福祉会茶々保育園　108, 116
社団法人　47, 54, 55
収益事業　28, 29, 47, 48, 52, 55
就学前施設　10, 103, 105-107, 115
住民参加型在宅福祉サービス　148, 159
住民主体　10, 48, 88, 153, 158, 161
住民の協働　151
就労移行支援　11, 117, 119, 121-123, 129
就労継続支援B型　121
主体的行動体系　167, 168, 172
自立　36, 38, 40, 41, 45, 60, 99, 107, 117, 118, 132, 135, 161, 162, 164, 171, 172
人格のない社団　48
人権尊重　153
ステークホルダー　6, 10, 11, 24, 31, 52, 56, 148, 149, 151-156, 158, 159
ストレングス　10, 85, 117, 118, 122, 123, 125, 127-130
スワンベーカリー　121
生活復興　75, 79
制度の狭間にある新しい生活問題　148
責任投資(Responsible Investment)　50, 56
相互支援　148, 153
ソーシャルアントレプレナー(社会起業家)　19-22, 34, 39, 42, 44, 54, 74, 75, 81-87, 153, 158, 189, 190
ソーシャルイノベーション　16, 44
ソーシャルキャピタル　38, 153, 157, 160
ソーシャルワーク　4, 9, 58, 85-87
措置制度　58

タ 行

ドラッカー(P. F. Drucker)　22

＊

地域社会感情　165-167, 171, 172
地域社会資源開発型コミュニティビジネス(CB)　154
地域社会の分析枠組み　167
地域性　79, 152, 155, 156, 165-167, 171, 172
地域生活問題解決型コミュニティビジネス(CB)　154
地域的近接性　171, 172
地域福祉　4, 9, 10, 40, 57, 58, 60-65, 70, 71, 117, 131, 144, 148-159
中央募金会　62-64
デザイン　6, 7, 10, 11, 80, 108, 112, 115, 117, 122, 126-128, 130
特定非営利活動法人　Cloud Japan　76, 78, 82, 84, 85, 87, 88
特定非営利活動法人　那須フロンティア　118, 129, 130

ナ 行

2030アジェンダ　44, 45
日常生活圏域　18, 19, 25, 171, 172
NIMBY(Not In My Back Yard)　98, 99
認定NPO法人(認定非営利活動法人)　47, 48, 104, 116
認定非営利活動法人　フローレンス　18, 41, 104, 116, 122

ハ 行

ピアース(J. Pearce)　151
ポーター(M. Porter)　5, 6
細内信孝　7, 10, 19, 20, 26, 91, 161-163, 170-172

＊

バランスト・スコアカード(Balanced Score Card)　53
BOP(Base of the economic Pyramid)　44, 54
PDCA(Plan-Do-Check-Act)サイクル　53, 68, 106
非貨幣的サービス　171, 172
非認知能力　105
ファンドレイジング(Fund Raising)　9, 49, 55, 57, 58, 60, 64, 69-71
フェアトレード　31, 45, 54
福祉コミュニティ　10, 156, 166, 168, 170-172
福祉コミュニティづくり　151-153, 155
福祉六法　57, 61
普遍的価値意識　167, 168, 172

プラットフォーム　　10, 51, 148, 149, 154, 155, 158, 159
べてるの家　　171
ペリー就学前プロジェクト　　103
保育者不足　　103, 104, 115
保育者養成　　108
保育所待機児童　　104
保育所保育指針　　105, 106
保育の質　　105-107, 114, 115
ボランティア　　9, 11, 30, 37, 46, 58, 61, 64, 71, 75-83, 86, 87, 98, 126-128, 151-154, 157, 158

マ　行

マッキーバー（R. M. MacIver）　　10, 162-166, 168, 171, 173
ミッジリー（J. Midgley）　　85
＊
マイクロファイナンス　　51, 56
マネジメント　　10, 32, 44, 55, 56, 68-71, 103, 105-108, 115, 158

美祢市　　91-93, 96-98, 100-102
美祢社会復帰促進センター　　9, 89, 91-98, 100-102
宮城県　　75, 76, 81-84

ヤ　行

ユヌス（Muhammad Yunus）　　14, 18, 21, 22, 25, 86, 95
＊
山口県　　92, 96, 97, 100-102
有限責任事業組合（LLP）　　48, 55

ラ　行

ラヴィル（J. Laville）　　21, 22
ラップ（C. A. Rapp）　　117
＊
リーダーシップ　　55, 106, 107, 115
連絡帳アプリ"kidsly"　　114, 116

■執筆者紹介

【監修者】
諫山　正（いさやま・ただし）
元新潟青陵大学学長。
『日米欧の金融革新』〔編著〕（日本評論社，1992年），『ドイツ経済——統一後の10年』〔共著〕（有斐閣，2003年），『現代のドイツ経済——統一への経済過程』〔共著〕（有斐閣，1992年）など多数。
　＊2021年9月，本書監修者である諫山正先生が永眠しました（行年87歳）。本書の上梓を「これから必要となる議論だ」と喜ばれていただけに，今回の重版も草葉の陰でほくそ笑む姿が目に浮かびます。（第2版に際して。編者より）

【編著者】
平川毅彦（ひらかわ・たけひこ）
名古屋市立大学大学院人間文化研究科より学位授与（論文博士）。博士（人間文化）。新潟青陵大学福祉心理子ども学部社会福祉学科教授。新潟青陵大学・短期大学部図書館長。専門社会調査士。
『地域社会を調査するということ——地域社会／地域福祉調査法』（現代図書，2023年），『社会関係の主体的側面と福祉コミュニティ』（ブイツーソリューション，2017年），他。
　〔担当〕第11章

海老田大五朗（えびた・だいごろう）
成城大学大学院文学研究科博士課程後期単位取得退学。博士（文学）。新潟青陵大学福祉心理子ども学部社会福祉学科教授。
『デザインから考える障害者福祉』（ラグーナ出版，2020年），『柔道整復の社会学的記述』（勁草書房，2018年），他。
　〔担当〕序章，第1章，第8章，おわりに

【執筆者】（執筆順）
川本健太郎（かわもと・けんたろう）
大阪市立大学大学院創造都市研究科博士（後期）課程単位取得満期退学。修士（社会福祉学）。神戸学院大学総合リハビリテーション学部社会リハビリテーション学科准教授。
『これからの社会的企業に求められるものは何か——カリスマからパートナーシップへ』〔編著者〕（ミネルヴァ書房，2015年），『社会起業入門——社会を変えるという仕事』〔共著〕（ミネルヴァ書房，2012年），他。
　〔担当〕第2章

髙橋　司（たかはし・つかさ）
東北大学大学院法学研究科博士前期課程修了。修士（法学）。税理士法人高橋会計事務所代表，元新潟青陵大学短期大学部人間総合学科助教。税理士。介護福祉経営士。
　〔担当〕第3章

増子　正（ますこ・ただし）
東北大学大学院経済学研究科博士前期課程修了。修士（経済学）。東北学院大学地域総合学部地域コミュニティ学科教授。
「地域福祉を支える共同募金改革への市民意識に関する研究」（『日本地域政策研究』11号，2013年），「躍進を続ける韓国共同募金の背景」〔共著〕（『総合人間科学』5号，2017年），他。
　〔担当〕第4章

三浦　修（みうら・おさむ）
新潟医療福祉大学大学院医療福祉学研究科前期課程修了。修士（社会福祉学）。新潟青陵大学福祉心理子ども学部社会福祉学科教授。社会福祉士。
「東日本大震災「救出・避難段階」における地域包括支援センター社会福祉士による活動の実態」（『ソーシャルワーカー』14号，2015年），『新装版　精神保健福祉士の仕事』〔分担執筆〕（朱鷺書房，2012年），他。
　〔担当〕第5章

里見佳香（さとみ・よしか）
大阪大学大学院国際公共政策研究科博士後期課程単位取得退学。修士（国際公共政策）。新潟青陵大学福祉心理子ども学部社会福祉学科准教授。
『資料で考える憲法』〔共著〕（法律文化社，2018年），「刑事収容施設及び被収容者等の処遇に関する法律——CPT基準からみた日本における被拘禁者の取扱いに関する考察」（『神奈川法学』51巻3号，2019年），他。
　〔担当〕第6章

齊藤勇紀（さいとう・ゆうき）
上越教育大学大学院学校教育研究科障害児教育専攻修了。修士（教育学）。新潟青陵大学福祉心理子ども学部子ども発達学科教授。保育士。臨床発達心理士。幼稚園教諭第一種免許状。養護学校教諭専修免許状。
「保育者を目指す短期大学生への行動理論に基づく指導プログラムが不適切行動を示す幼児への指導スキル向上に及ぼす効果」〔共著〕（『学校メンタルヘルス』第19巻1号，2016年），「早期療育機関における「循環型」研修会の具現化と療育実践への効果」〔共著〕（『地域福祉サイエンス』2号，2015年），他。
　〔担当〕第7章

迫田健太郎（さこだ・けんたろう）
社会福祉法人あすみ福祉会理事長。
『三訂　保育所運営マニュアル』〔共著〕（中央法規出版，2007年），他。
　〔担当〕第7章

迫田圭子（さこだ・けいこ）
社会福祉法人あすみ福祉会創始者。元立正大学社会福祉学部子ども教育福祉学科教授。保育士。幼稚園教諭第二種免許状。
『自分で出来る子が育つ——茶々式しつけメソッド』（主婦の友社，2016年），『見る・考える・創り出す乳児保育——養成校と保育室をつなぐ理論と実践』〔共著〕（萌文書林，2014年），『三訂　保育所運営マニュアル』〔共著〕（中央法規出版，2007年），他。
　〔担当〕第7章

小野翔彌（おの・しょうや）
社会福祉法人あすみ福祉会茶々保育園主任保育士。保育士。幼稚園教諭第一種免許状。
〔担当〕第 7 章

篠田珠弥子（しのだ・みやこ）
社会福祉法人あすみ福祉会茶々とどろき保育園主任保育士。保育士。幼稚園教諭第二種免許状。モンテッソーリ教員免許。
〔担当〕第 7 章

野﨑智仁（のざき・ともひと）
国際医療福祉大学大学院医療福祉学研究科博士課程修了。博士（保健医療学）。国際医療福祉大学保健医療学部作業療法学科講師。認定作業療法士。作業療法士。精神保健福祉士。職場適応援助者（ジョブコーチ）。
『ゼロから始める就労支援ガイドブック』〔共著〕（メジカルビュー社，2022 年），『就労支援の作業療法』〔共著〕（医歯薬出版，2022 年），他。
〔担当〕第 8 章

李　在檍（い・じぇおく）
岩手県立大学大学院社会福祉学研究科博士後期課程単位取得満期退学。修士（社会福祉学）。新潟青陵大学福祉心理子ども学部社会福祉学科教授。社会福祉士。
「地域福祉を支える共同募金の新しいミッションの可能性に関する研究」〔共著〕（『学際連携研究　公共と社会』1 号，2012 年），『トラブル事例から学ぶ福祉・介護実習ワークブック』〔共著〕（みらい，2009 年），他。
〔担当〕第 9 章

佐藤貴洋（さとう・たかひろ）
関東学院大学大学院文学研究科社会学専攻博士後期課程在学中。修士（社会学）。新潟青陵大学福祉心理子ども学部子ども発達学科教授。社会福祉士。
「ソーシャルワーカーの専門性研究の課題」（『社会論集』19 号，2013 年），「障害者雇用の固有性としての企業と障害者家族の関わり」〔共著〕（『新潟青陵学会誌』第 7 巻 1 号，2014 年），他。
〔担当〕第 10 章

コミュニティビジネスで拓く地域と福祉

2018 年 2 月 28 日　　初版第 1 刷発行
2023 年 8 月 4 日　　　初版第 2 刷発行

監　修　　諫　山　　　正
編　者　　平　川　毅　彦
　　　　　海老田　大五朗
発行者　　中　西　　　良

発行所　株式会社　ナカニシヤ出版
〒606-8161　京都市左京区一乗寺木ノ本町 15
TEL　(075)723-0111
ＦＡＸ　(075)723-0095
http://www.nakanishiya.co.jp/

©Tadashi ISAYAMA 2018（代表）　　印刷・製本／亜細亜印刷
＊落丁本・乱丁本はお取り替え致します。
Printed in Japan. ISBN978-4-7795-1240-7

◆本書のコピー、スキャン、デジタル化等の無断複製は著作権法上での例外を除き禁じられています。本書を代行業者等の第三者に依頼してスキャンやデジタル化することはたとえ個人や家庭内での利用であっても著作権法上認められておりません。

概念分析の社会学2
―実践の社会的論理―

酒井泰斗・浦野茂・前田泰樹・中村和生・小宮友根 編

そこで何が行なわれているのか、それは如何にして可能なのか。社会生活における、多種多様な実践を編みあげる方法＝概念を分析。多様な対象の分析を多様な手段をもって行なう、エスノメソドロジー実践の書、第二弾！。三二〇〇円＋税

まちづくりからの小さな公共性
―城下町村上の挑戦―

矢野敬一

開かれたつながりを生み出すまちづくりとは？サケ、武家屋敷、町屋、商店街、祭り……城下町、新潟県村上を舞台として展開してきた文化資源化の多様なフェーズを取り上げ、解説する。二六〇〇円＋税

ローカル・ガバナンスと地域

佐藤正志・前田洋介 編

公的な課題を多数の主体からなる「ガバナンス」によって担うという動きは、近年なぜ強まっているのか。「ローカル」とはどのような範囲を指しているのか。文脈、背景、事例に基づき、地理学から迫る。二八〇〇円＋税

ケアの始まる場所
―哲学・倫理学・社会学・教育学からの11章―

金井淑子・竹内聖一 編

「ケアの手前にあるもの」への視線から、臨床的ケアロジーのフロンティアを拓く。既存の学野を横断するケア学の構築に向けた、気鋭の研究者達による、現場性・臨床性・当事者性を追求した実践的ケア研究の成果。二三〇〇円＋税

表示は二〇二三年八月現在の価格です。